Do texto ao sentido:
teoria e prática de leitura em língua inglesa

Graziella Araujo de Oliveira Lapkoski

Do texto ao sentido:
teoria e prática de leitura em língua inglesa

Rua Clara Vendramin, 58 . Mossunguê
CEP 81200-170 . Curitiba . PR . Brasil
Fone: (41) 2106-4170
www.intersaberes.com
editora@intersaberes.com

Conselho editorial
Dr. Alexandre Coutinho Pagliarini
Drª Elena Godoy
Dr. Neri dos Santos
Dr. Ulf Gregor Baranow

Editora-chefe
Lindsay Azambuja

Gerente editorial
Ariadne Nunes Wenger

Assistente editorial
Daniela Viroli Pereira Pinto

Capa
Mayra Yoshizawa (*design*)
Photos to GO (imagem)

Projeto gráfico
Bruno Palma e Silva

Iconografia
Danielle Scholtz

Dados Internacionais de Catalogação na Publicação (CIP)
(Câmara Brasileira do Livro, SP, Brasil)

Lapkoski, Graziella Araujo de Oliveira
 Do texto ao sentido: teoria e prática de leitura em língua inglesa / Graziella Araujo de Oliveira Lapkoski. – Curitiba: InterSaberes, 2012.
 – (Série Língua Inglesa em Foco).

 Bibliografia.
 ISBN 978-85-8212-281-5

 1. Inglês – Estudo e ensino 2. Leitura I. Título II. Série.

12-09107 CDD-420.7

Índice para catálogo sistemático:
1. Inglês: Leitura: Estudo e ensino 420.7

1ª edição, 2012
Foi feito o depósito legal.

Informamos que é de inteira responsabilidade da autora a emissão de conceitos.

Nenhuma parte desta publicação poderá ser reproduzida por qualquer meio ou forma sem a prévia autorização da Editora InterSaberes.

A violação dos direitos autorais é crime estabelecido na Lei n. 9.610/1998 e punido pelo art. 184 do Código Penal.

Sumário

Apresentação, 7
Introdução, 9
Prefácio, 13

1 **Leitura e leitor** 15
1.1. Definindo *leitura* 18 | 1.2 Propósitos de leitura 20 | 1.3 Papel do leitor 23

2 **Texto e sentido** 41
2.1 Gêneros textuais 43 | 2.2 Processamento textual 45 | 2.3 Produção de sentido 55

3 **Processos e estratégias de leitura** 65
3.1 Processos – envolvimento do leitor 67 | 3.2 Habilidades e estratégias – como lemos 71 | 3.3 Diferentes propósitos, textos e estratégias 75

4 **Leitura e vocabulário** 91
4.1 Vocábulo e sentido 93 | 4.2 Vocabulário difícil e/ou desconhecido 96 | 4.3 Estratégias para lidar com vocabulário 101

5 **Leitura: gramática e coesão** 121
5.1 Gramática e textualidade 124 | 5.2 Coesão – referência textual e elementos coesivos 134 | 5.3 Marcadores discursivos – conectores lógicos 137

6 **Leitura e compreensão** 149
6.1 Organização das ideias no parágrafo 152 | 6.2 Organização das ideias no texto 162 | 6.3 Suporte concreto das ideias – entendendo detalhes 169

Considerações finais, 188
Glossário, 190
Referências, 191
Bibliografia comentada, 195
Respostas – Atividades de autoavaliação e Atividades de aprendizagem, 197
Nota sobre a autora, 201

Prefácio

Nas metodologias de ensino de inglês como Língua Estrangeira, ao longo do tempo, das quatro habilidades da comunicação – ouvir, falar, ler e escrever – certamente a que sempre tem recebido atenção é a leitura. Nos tempos do método de gramática e tradução e do método de leitura, a língua escrita era a única a ser ensinada, já que o objetivo era a tradução e a leitura de textos clássicos. O método direto mudou totalmente a dinâmica das aulas, as quais passaram a ser dadas totalmente em inglês, mas o objetivo maior ainda era o ensino da leitura, dessa vez, através da fala. O audiolingualismo traz para as salas de aula os famosos *drills* – aqueles diálogos para serem lidos e repetidos à exaustão. A era do ensino comunicativo coloca o foco nas quatro habilidades da língua e o objetivo é a comunicação eficaz. O ensino da habilidade de leitura adota agora as funções da linguagem, como argumentar, persuadir, prometer. Adota também a importância do contexto, da coesão, da coerência e do desenvolvimento de estratégias de leitura. A era pós-comunicativa coloca finalmente no aprendiz todo o foco do ensino, e o método passa a ser escolhido de acordo com as necessidades do aluno. A plena capacidade de leitura assume, então, papel ainda mais importante, pois se torna, mais do que nunca, a base para a aquisição de informações e de novos conhecimentos.

Hoje vivemos um momento sem precedentes na história, em que a informação vem até nós a todo o momento. A tecnologia invade nossa vida e traz consigo qualquer tipo de informação com um simples clicar de botões. A internet, o celular, a TV interativa nos trazem a qualquer hora a possibilidade de obter informações, adquirir novos conhecimentos e, ainda, estabelecer relacionamentos sociais. Isso é possível não apenas em nossa Língua Materna, mas também em outras línguas, diminuindo as distâncias, estreitando as relações. Mas isso só é possível com o domínio da leitura. Ser capaz de ler em língua inglesa, definitivamente a língua da comunicação internacional, abre portas para o mundo. A informação entra em nossas casas através da internet e a maior parte dessa informação está em língua inglesa, a qual é também o idioma usado como meio de divulgação de trabalhos científicos e profissionais. As mídias sociais, como o *Facebook* e o *Twitter*, por, exemplo, oferecem-nos a possibilidade de nos relacionarmos com pessoas do mundo todo, a qualquer instante. Enfim, tudo isso ao alcance de todos, desde que se domine a habilidade da leitura em língua inglesa!

Com isso posto, podemos concluir que o ensino de leitura em língua inglesa, sempre considerado importante na sala de aula, continua mais do que nunca em evidência. E com as novas mídias e os novos gêneros, novas exigências se apresentam ao aluno e ao professor. O conceito de leitura como mera decodificação de letras, palavras e sentenças não é suficiente para as necessidades do leitor, que precisa dominar um grande número de gêneros textuais para dar conta de toda a informação que recebe, dos conhecimentos que precisa adquirir e das relações sociais que quer estabelecer. O estudo de inglês precisa, então, estar em sintonia com tudo isso!

Este livro, definitivamente, está nessa sintonia! Longe de ser mais um livro sobre leitura em língua inglesa, esta obra nos apresenta os mais importantes pressupostos teóricos sobre textualidade, processamento de leitura e construção de sentido. Apresenta teoria sem complicações, exemplos esclarecedores e prática variada. É um livro que pode tanto ser usado para autoestudo como para se adotar em sala de aula. Com certeza será útil ao professor em formação e ao professor experiente; ao aluno no início de seus estudos e àquele já em estágios mais avançados. Enfim, é uma obra para diversos públicos, para diferentes objetivos, com recursos valiosos para todos os envolvidos na aquisição da habilidade de leitura em língua inglesa.

Maria Lúcia de Castro Gomes

Apresentação

Tanto no ensino do português como Língua Materna, quanto no ensino do inglês como Língua Estrangeira, já há algumas décadas a leitura vem ganhando mais espaço na pesquisa e na sala de aula. No entanto, os estudos e os trabalhos sobre o assunto no Brasil estão apenas começando; há muito ainda o que fazer nessa área.

Entendemos que toda formação acadêmica, em especial a de futuros professores – como talvez no seu caso, caro leitor –, não apenas passa pela formação do indivíduo como leitor, mas também depende dela. Mais ainda, acreditamos que qualquer formação profissional envolve diretamente a habilidade de leitura e a capacidade de compreensão para que possam ocorrer a internalização do conhecimento (ou informações, como queiram) contido no texto e sua posterior utilização.

Neste trabalho, nossa intenção é estabelecer algumas ideias e conceitos básicos sobre o que envolve o processo de leitura e compreensão de texto, pois percebemos que esse procedimento ainda não vem sendo trabalhado de forma sistemática nos níveis educacionais básicos nem mesmo com relação à Língua Materna; o que dizer então da Língua Estrangeira? Não temos a pretensão aqui de abranger todas as nuanças do processo de compreensão de texto. Estamos, na verdade, bem longe dessa abrangência em função do grande número de variáveis envolvidas nas questões pertinentes à leitura e à compreensão e da complexidade desse processo. Sabemos que existem várias perspectivas por meio das quais podemos abordar as questões de leitura em Língua Estrangeira. Optamos, neste momento, por trabalhar as questões básicas que envolvem a leitura e a compreensão de texto, utilizando métodos já bastante aplicados por nós em salas de aula e que se mostraram muito eficazes.

Esperamos, portanto, com este trabalho, proporcionar aos nossos leitores alguns fundamentos básicos da leitura, alguns conhecimentos estratégicos e de atividades práticas. Tudo para que, com base nisso, eles possam se tornar mais independentes, mais proficientes e mais motivados a buscar novos conhecimentos nessa área tão interessante e fundamental na vida de todo cidadão que está consciente do seu papel e quer participar ativa e significativamente da sociedade em que vive. Afinal, é por meio da educação, em grande medida, que conseguimos despertar o sentimento de cidadania, que adquirimos os conhecimentos e que desenvolvemos os recursos necessários para melhorar a qualidade de vida de todos.

Introdução

Vamos começar a pensar em leitura identificando primeiramente o leitor deste livro. O caro leitor por acaso já analisou alguma(s) das questões encontradas logo abaixo? Sim ou não, não importa. O que importa é que você tente fazer isso agora, porque é a partir dessas e de outras perguntas que vamos desenvolver nosso trabalho.

» Você saberia dizer que tipo de leitor é você?
» Você lê porque gosta ou porque é obrigado?
» Você lê rápido ou devagar?
» A sua velocidade de leitura tem alguma importância ou faz alguma diferença no entendimento do que você lê? Como?
» Quais gêneros de texto você lê?
» Quais são os motivos que nos levam a querer ou precisar ler em Língua Estrangeira (no nosso caso, em inglês)?

Existem várias motivações para se ler: prazer, obtenção de informação, aprendizado, entre muitas outras. As mesmas motivações que nos levam a (querer/precisar/gostar de) ler em Língua Materna (de agora em diante, LM) são também válidas para a leitura em Língua Estrangeira (de agora em diante, LE). Algumas, no entanto, são especialmente recorrentes nos dias de hoje e, portanto, precisamos levar em consideração. Há motivações que são um tanto óbvias, como o fato de alguém estar em um curso de graduação em Letras Inglês, por exemplo, e precisar estar em contato constante com essa língua, tanto para o aprendizado da língua em si, como também de vários outros conteúdos (linguística, metodologia de ensino de LE etc.). Mas existem muitas outras, como o desejo de ter acesso à literatura de língua inglesa na sua versão original*, e não na versão traduzida; a possibilidade de troca de informação escrita com estrangeiros que não se comunicam em português, seja no trabalho, na escola ou no lazer; acesso a notícias e resultados de pesquisas na sua área de atuação, em diversos países, que em geral são divulgadas na língua inglesa antes de serem traduzidas para outros idiomas. Enfim, cada um pode ter seus próprios propósitos de leitura em LE, mas os propósitos básicos de leitura ainda são os mesmos.

Em geral, lemos algum texto porque queremos encontrar alguma "coisa" naquilo que está escrito. Pode ser o desfecho de algum acontecimento, fictício ou não, a cotação da bolsa de valores ou a opinião de quem escreveu um artigo, por exemplo. Seja qual for a situação, Nuttall (2000, p. 3) denomina essa "coisa" que queremos encontrar de *mensagem*. O que nos interessa na leitura, portanto, é a mensagem, ou podemos dizer, também, informação, ou conteúdo que o autor do texto quer transmitir. Nuttall (2000, p. 3) preocupa-se "com o significado, especificamente com a transferência de significado de mente para mente: a transferência de uma mensagem do escritor para o leitor."

Embora essa visão de leitura seja um tanto limitada, pois não considera, por exemplo, o fato de que os significados não são exatamente **transferidos para** o leitor, mas **construídos** por ele, ela serve ao propósito deste livro, que é dar subsídios para que você, leitor, possa perceber como está sua habilidade de leitura e de compreensão de mensagens para, a partir daí, começar a melhorar essa habilidade e também sua capacidade de construção de significados novos a partir dos significados encontrados em textos escritos em inglês. Além disso, o livro objetiva ajudá-lo no aprendizado da seleção, busca e reelaboração das informações que sejam

---

* Versão "original" aqui significa simplesmente a língua que o autor usou para escrever o texto.

mais relevantes no momento da leitura, através da interação com o significado, pretendido pelo autor, de uma mensagem* transmitida por meio da escrita, independentemente do gênero.

Em cada capítulo do livro, será trabalhado algum aspecto relevante para o aprendizado da leitura em inglês. Serão introduzidos conceitos teóricos sobre cada assunto, bem como exemplos que favoreçam a compreensão desses conceitos.

No capítulo 1, trataremos do conceito de leitura e do que significa ser leitor. No capítulo 2, veremos o que é o texto e seu(s) sentido(s). No capítulo 3, vamos introduzir o assunto das habilidades e das estratégias de leitura. No capítulo 4, trabalharemos com o vocabulário. No capítulo 5, vamos ver de que maneira a gramática pode nos ajudar na compreensão de texto. Finalmente, no capítulo 6, trabalharemos com a compreensão, considerando alguns aspectos organizacionais e funcionais dos textos.

No final de cada capítulo, o leitor encontrará indicações culturais, atividades de autoavaliação, atividades de reflexão e atividades aplicadas (práticas), nessa ordem. Nas indicações culturais, você vai encontrar sugestões de filmes, textos e livros que pode pesquisar para complementar o seu estudo e ampliar a sua visão sobre o assunto tratado em cada capítulo.

As atividades de autoavaliação devem ser realizadas, primeiramente, sem nova consulta ao conteúdo do capítulo, para que você possa perceber o que foi assimilado e o que precisa de um pouco mais de estudo relativamente ao assunto que foi visto. Depois, você pode voltar ao conteúdo e reler a parte relacionada à(s) sua(s) dúvida(s), ou o capítulo todo se você achar necessário.

Sugerimos que o leitor faça as atividades de reflexão no momento em que são sugeridas no texto. Isso servirá de introdução para as informações que virão a seguir. Realizar o que se pede

---

* Uma mensagem, no contexto da leitura, pode ser uma ideia, um sentimento, um fato ou alguma outra coisa que uma pessoa queira compartilhar com os possíveis leitores do seu texto.

na ordem solicitada ajudará você a apreender mais facilmente o conteúdo teórico apresentado.

Finalmente, temos as atividades práticas, que foram elaboradas de forma que possam ser trabalhadas no final da leitura de cada capítulo ou à medida que o conteúdo for apresentado. Essas atividades avaliarão os conhecimentos adquiridos e a capacidade de utilização deles na compreensão de texto propriamente dita.

Agora, mãos à obra e ótimos estudos!

Capítulo 1

Leitura
e leitor

Vamos iniciar o primeiro capítulo deste livro com uma afirmativa óbvia (será?) e provocativa (para alguns). Para isso, vamos considerar o seguinte: **partindo do princípio de que você está entendendo o que está escrito neste papel, podemos afirmar que você é um leitor.** Óbvio, não? Sim e não! Longe de querer desrespeitá-lo, caro leitor, essa é uma maneira atrevida de chamar sua atenção para uma visão mais acadêmica sobre o assunto. Sim, a afirmativa é óbvia porque não temos dúvida alguma de que você é um leitor, mas não tão óbvia, pois queremos que você perceba ou lembre-se de que existem maneiras diferentes de se definir e interpretar as palavras e os textos. É provocativa porque queremos que você analise sua concepção do significado do termo *leitor* e sua condição e atuação como tal. A princípio, pode parecer estranho, mas neste estudo o significado de *ser leitor* é um pouco diferente do de *saber ler*, no sentido de saber juntar as letras para formar palavras e juntar as palavras para formar sentenças e, por fim, apreender o sentido literal da sentença formada.

O leitor de que vamos falar neste capítulo e em todo este livro é aquele que tem objetivos, propósitos de leitura, sabe identificá-los e utilizar os meios apropriados para atingi-los. Além disso, nosso leitor nunca fica estático, esperando receber todo o conhecimento já pronto. Ele vai em busca da informação, pensa sobre os assuntos, tira conclusões, elabora sentidos, muda de opinião, enfim, toma para si a responsabilidade de construir seu próprio conhecimento baseado no que lhe é apresentado. Sendo assim, vamos tentar esclarecer esses conceitos para que você possa se identificar com, ou desenvolver suas habilidades para se tornar, o leitor do qual estamos falando.

1.1. Definindo *leitura*

Para começar, vamos fazer uma pergunta: o que é leitura? Essa pergunta pode ser considerada, à primeira vista, simples, direta e evidente; tanto que gostaríamos de poder responder a ela de forma também simples e direta. Contudo, precisamos considerar que, embora a leitura seja uma atividade concreta, observável, que utiliza determinadas funções e faculdades do ser humano, ela é, ainda assim, uma atividade complexa, que pode se desenvolver em várias direções, dependendo do propósito que lhe é dado. Podemos dizer que, fazendo uma divisão bem ampla, temos dois grandes motivos para ler: por diversão ou em busca de alguma informação. Esses dois motivos abrangem vários outros, mais específicos, que serão vistos no próximo item.

Poderíamos ocupar todo um capítulo listando diversas definições e conceitos de leitura, mas vamos nos ater aos conceitos expressos por alguns autores que consideramos relevantes, e cuja clareza de ideias nos parece apropriada ao momento inicial deste estudo.

Foucambert (1994, p. 5) diz que "ler significa ser questionado pelo mundo e por si mesmo, significa que certas respostas podem ser encontradas na escrita, significa poder ter acesso a essa escrita, significa construir uma resposta que integra parte das novas informações ao que já se é." O autor deixa bem claro que considera o ato de ler como um processo ativo por parte do leitor, uma vez que **questionamentos** e **construções** são termos que pressupõem ações e reações de alguma ordem. Podemos ainda entender que ler não é apenas atribuição de significado ao que está escrito; é muito mais: ler é, também, a construção de sentido que se faz da mensagem transmitida a partir do conhecimento de mundo que se tem para que essa nova mensagem, ou parte dela, passe a fazer parte do próprio leitor. Por dedução, se, quando lemos, integramos parte dessa leitura ao que já somos, podemos ainda inferir que, cada vez que lemos um mesmo texto, o fazemos de forma diferente, pois parte dele já foi assimilado por nós. Sendo assim, já temos mais experiência e mais conhecimentos adquiridos na(s) leitura(s) anterior(es), que vão influenciar a leitura e a compreensão do que estamos lendo. Mas essa é uma reflexão que não pretendemos desenvolver neste livro. Este, na verdade, é um convite para que cada um reflita neste momento e perceba em si mesmo o que isso significa e quais as consequências dessa ideia em termos de aprendizado e também de ensino de leitura em LE (ver Questões para Reflexão, exercício 1).

Kock e Elias (2006, p. 11) afirmam que, quando a concepção de língua é interacional (ou dialógica), o foco da leitura é colocado na interação autor-texto-leitor e que, sob essa perspectiva,

> *o sentido de um texto é **construído na interação texto-sujeitos** e não algo que preexista a essa interação. **A leitura** é, pois, uma **atividade interativa altamente complexa de produção de sentidos**, que se realiza evidentemente com base nos elementos linguísticos presentes na superfície textual e na sua forma de organização, mas requer a mobilização de um vasto conjunto de saberes no interior do evento comunicativo.* (Grifo do original)

Isto é, a leitura é uma atividade que depende, entre outras coisas, como dissemos anteriormente, dos conhecimentos e das experiências do leitor. Não basta ter conhecimento do código linguístico, porque a leitura não é apenas a decodificação de um código (texto) produzido por um emissor (escritor). Ela pressupõe a interação do leitor com o texto, a partir da qual se dará a produção do(s) sentido(s). Isso funciona tanto para a LM quanto para a LE. Por exemplo: eu posso conhecer muito bem o código da minha LM (português), mas se eu não tenho muito conhecimento do assunto abordado no texto (digamos, física), talvez eu não consiga interagir com o texto da maneira pretendida pelo autor e, consequentemente, não consiga construir o sentido esperado ou desejado por mim.

Fica evidente, portanto, que no nosso caso, leitores de uma LE, cujo código linguístico pode ser bem conhecido ou não, o (des)conhecimento desse código vai exercer maior influência na interação leitor-texto e, consequentemente, na qualidade da construção do sentido. Sendo assim, reconhecemos a importância da capacidade de identificação das palavras e da decodificação dos seus possíveis significados na LE. Mas devemos ter em mente que o conhecimento do código não é tudo; é somente o primeiro passo; e que, para alcançarmos nosso objetivo de leitura, temos que ir além. Quando lemos, não queremos apenas identificar e decodificar palavras; temos sempre algum propósito em mente.

Mas, quais são, então, os propósitos de leitura?

É o que veremos a seguir.

1.2 Propósitos de leitura

Como dissemos antes, temos dois grandes propósitos de leitura, que vamos chamar de *leitura por diversão* e *leitura para obtenção de informação*. Dentro desses dois propósitos, podemos relacionar alguns mais específicos, como veremos a seguir. O importante é perceber que, sempre que lemos alguma coisa, não importa o quê, construímos algum significado ou obtemos alguma informação, seja em um livro, em um cartaz ou em uma placa de trânsito. Neste momento, você poderia argumentar que às vezes lê sem querer, sem perceber que o está fazendo, como quando "corre" os olhos por um anúncio qualquer. Ainda nesse caso, existe um propósito implícito: você lê com o propósito de se distrair, por curiosidade ou para fazer passar o tempo enquanto espera o ônibus no ponto ou passeia pela rua, por exemplo. Pode ser que você não tenha a intenção premeditada e não perceba, mas vai construir sentidos ou obter informações, mesmo assim. Você certamente vai se lembrar da mensagem toda, de alguma palavra, do *layout* ou da figura de uma placa em frente ao ponto de ônibus ou, quem sabe, de uma propaganda fixada em frente a uma loja.

Podemos dizer que os dois propósitos gerais de leitura mencionados se estabelecem em dois contextos sociais diferentes, que são: fora do ambiente escolar e dentro do ambiente escolar*. **Fora do ambiente escolar**, os propósitos podem incluir a leitura pelo prazer de ler o trabalho de um autor de quem se gosta; para saber mais sobre um assunto de interesse pessoal; para aprender a lidar com algum equipamento novo; para aprender as regras de um jogo ou o funcionamento de um brinquedo; para passar o tempo; para saber como vai ser o final de alguma história; aprender a preparar uma receita; saber o que está disponível, onde e quanto custa; saber como vai estar o tempo no dia seguinte, entre tantos outros. E, nesse caso, consideramos que a leitura não nos é imposta e que o nosso desempenho nessa leitura não será formalmente cobrado. Por isso, temos liberdade para escolher o que lemos, quando lemos, se queremos terminar a leitura ou não, se queremos ler mais de uma vez e assim por diante.

Na escola, no entanto, os propósitos da leitura são, em geral, estabelecidos pelos professores. O propósito pode ser, por exemplo, o de estudar para um teste, escrever um artigo, responder a questões sobre o texto, poder tirar conclusões sobre um determinado assunto, encontrar informações relevantes, saber qual a conclusão de uma pesquisa, fazer um resumo. E, qualquer que seja o propósito da leitura, a nossa habilidade de construção de sentido ou de obtenção de informação vai ser avaliada de alguma maneira. Essa nossa habilidade, ou a falta dela, é que fará com que sejamos considerados bons leitores** ou não e demonstrará se conseguimos atingir o objetivo pretendido (ver Questões para Reflexão, exercício 2).

---

* Não vamos considerar aqui a leitura em ambiente de trabalho. No entanto, a leitura por razões profissionais assemelha-se, com algumas ressalvas, à leitura no ambiente escolar. O que falarmos sobre esta, portanto, poderá ser facilmente adaptado àquela se o leitor assim o desejar.

** Estamos empregando a expressão *bom leitor* no sentido do leitor que é capaz de atingir o objetivo pretendido na sua leitura sem grandes dificuldades e dentro de um prazo estabelecido para tal, no ambiente escolar.

Para alcançarmos nosso propósito de leitura e sermos considerados bons leitores, nós usamos diferentes estratégias*, mesmo que não percebamos e que não saibamos identificá-las ou defini-las. O fato de termos diferentes propósitos de leitura implica, necessariamente, termos que utilizar diferentes estratégias de leitura, se nós quisermos realizar uma leitura eficaz. Essas estratégias serão estudadas detalhadamente no capítulo 3 deste livro, mas, para termos uma ideia do que são essas estratégias, podemos prestar atenção ao fato de que, às vezes, lemos bem rápido, como se apenas passássemos os olhos pelo texto, e outras vezes lemos bem devagar, como se quiséssemos absorver cada letra, cada palavra, cada sentença escrita. Como dissemos, veremos isso tudo em maiores detalhes mais adiante. Voltemos agora aos nossos propósitos no contexto escolar.

O contexto da escola, por implicar, necessariamente, algum tipo de avaliação do conhecimento de leitura e por meio da leitura, leva-nos a algumas questões básicas, que veremos no item 1.3 a seguir, como: O leitor exerce alguma função na leitura? Qual é o papel do leitor? Não é simplesmente obter a mensagem expressa, isto é, ler?! Mas e quanto à leitura em LE? Bem, o código utilizado na escrita do texto pode ser diferente, mas os propósitos de leitura continuam os mesmos, não importa a língua em que o texto foi escrito. É claro que a leitura em LE envolve uma variável extra e vai demandar um trabalho a mais por parte do leitor. Ele deverá, antes de tudo, ser capaz de reconhecer e entender o código linguístico que está sendo utilizado para poder fazer a leitura superficial do texto, isto é, a leitura do que está explícito, pois, sem essa leitura, ele obviamente não será capaz de construir sentidos.

---

* Entendemos por *estratégia*, neste contexto, uma instrução geral que utilizamos para cada escolha que precisamos fazer no decorrer de uma ação qualquer.

1.3 Papel do leitor

Retomando e respondendo objetivamente às questões levantadas no item anterior: sim, como já mencionado, o leitor exerce algumas funções na leitura; ele não é um mero receptor de informação, um recipiente no qual o escritor "derrama" algum conteúdo. O leitor também pode ter papéis diferentes, de acordo com o propósito da sua leitura; e, apesar de obter uma mensagem, não é **só** isso que ele faz.

Vejamos, então, qual é o seu papel como aprendiz de leitura em LE.

Primeiramente, você, leitor, deve entender que é a peça chave no aprendizado da leitura. Por melhor que sejam os materiais e os professores envolvidos em um aprendizado qualquer, se o aprendiz não assumir um comportamento ativo no processo, o aprendizado não acontecerá. Isso significa, entre outras coisas, que você deve entender o funcionamento dos textos e o que você quer com a sua leitura, além de aprender a monitorar seu próprio aprendizado.

Vamos trabalhar juntos no funcionamento dos textos, de acordo com os seus prováveis propósitos de leitura. Você pode estar se perguntando: "...mas, monitorar meu aprendizado como?" Bem, primeiro você deve aprender a reconhecer e admitir quando e o que não entendeu no texto; depois, perceber o que pode estar causando a dificuldade de entendimento; finalmente, procurar estratégias que o ajudem a superá-la. Pode parecer difícil no início, mas vamos apresentar algumas estratégias para ajudá-lo e você vai perceber que a prática torna o processo bem mais simples do que imagina.

Falando ainda do seu papel de leitor, de acordo com Carrell (1987, p. 24): "[...] não apenas o leitor é um participante ativo no processo de leitura, fazendo predições e processando informação, mas tudo na experiência ou formação de conhecimento prévia do leitor representa um papel potencial no processo." O leitor, portanto, como já dissemos, é a peça principal no processo de leitura, sem o qual não há razão para o texto, nem construção de sentido possível. É a partir do leitor que um texto passa a existir, de fato, como veículo transmissor de mensagens. Não há razão para escrever se não houver um leitor alvo, mesmo que o leitor seja o próprio escritor, como no caso de uma agenda ou de um diário.

Se considerarmos que cada leitor possui conhecimentos e experiências prévias diferentes a partir dos quais constrói sentidos novos em toda leitura que faz, podemos entender que cada leitura de um mesmo texto é particular e única. Isso não significa que toda e qualquer leitura é válida e que deve ser aceita como tal. Sobre isso, Jouve (2002, p. 25) assevera que "não se pode reduzir a obra a uma única interpretação, existem entretanto critérios de validação. O texto permite, com certeza, várias leituras, mas não autoriza qualquer leitura." Ou seja, nós temos interpretações diferentes de um mesmo texto devido aos conhecimentos e experiências individuais, mas é preciso que elas se mantenham dentro de uma certa lógica, que o próprio texto e o contexto nos fornecem. Vejamos um exemplo, que, embora simples, vai demonstrar o que queremos dizer aqui com a expressão *lógica do texto*:

> A Borboleta Azul era bela como um anjo, mas muito desengonçada. Suas asas, ainda molhadas, não a deixavam voar. Foi preciso algum tempo para iniciar as primeiras tentativas.
>
> No início, começou voando baixo e bem devagar, com muito cuidado para não se machucar. Outras vezes, era bem atrapalhada, pois, durante os voos, esquecia de bater as asas ou as enroscava uma na outra e, quando isso acontecia, ploft! Caía estatelada. Mas, quanto mais caía, tanto mais insistia. (Heck, 2006, p. 6)

Nesse excerto da história infantil *A borboleta azul*, a autora fala do início da vida de uma borboleta. Uma possível interpretação desse trecho é como uma metáfora do início da vida de uma criança, que aprende a andar devagar, apoiando-se para manter-se em pé e, às vezes, se atrapalha com os pezinhos ou os enrosca e cai. O fato de ela não desistir pode ser visto como uma virtude da criança (representada pela borboleta), que é persistente e não se deixa derrotar pelos fracassos iniciais comuns a esse aprendizado. Enfim, poderíamos aprofundar muito mais a análise desse trecho e dar outras interpretações possíveis, mas certamente não poderíamos extrapolar nossa interpretação e dizer que a autora está querendo demonstrar, com esse texto, a existência dos anjos, só porque ela diz que a borboleta era "bela como um anjo", ou que ela quer dizer que a borboleta azul **é** um anjo e que a maneira como a borboleta aprendeu a voar é a mesma como os anjos aprendem a voar quando ganham suas asas etc. Isso estaria totalmente fora do que se pode inferir com a leitura desse excerto. É uma "viagem" interpretativa, que ninguém pode nos impedir de fazer, mas que não terá validade a não ser para esse leitor, por ser muito individual e porque os outros leitores não vão participar dela (embora possam), uma vez que essa não é uma leitura que a maioria dos leitores faria. Ela está fora do contexto da história, também, porque o começo conta como a Borboleta Azul nasceu (metamorfose) e depois fala do seu ciclo de vida, com a sua reprodução, a sua morte e o posterior nascimento das borboletinhas. Ou seja, o texto e o contexto da história não nos autorizam essa interpretação, e o contexto do livro também não, já que essa não é uma leitura provável do público-alvo dessa história, que é o público infantil.

Se nós considerarmos os textos acadêmicos, técnicos e informativos, veremos que o número de interpretações possíveis passa a ser bastante restrito.

Temos, desse modo, caro leitor, que, para obter o máximo de aproveitamento possível da sua leitura, seja ela qual for, você deve estar bem ciente dos dois primeiros passos a serem dados, que são: primeiro, o porquê de você estar lendo (o seu propósito); segundo, que tipo de leitura é esperada do leitor daquele texto (qual é o seu papel nessa leitura).

Quando o autor de um texto começa a escrever, ele tem um leitor em mente. Às vezes, ele assume que o seu leitor não vai saber nada, ou quase nada, sobre o assunto; então, o autor dá todas as informações, com o máximo de detalhes possível, para assegurar que o leitor entenda a mensagem que ele, autor, quer transmitir, da forma como quer transmitir. O leitor, nesse caso, tem um papel bem menos ativo, quase passivo. Quase, porque nenhum leitor é uma "folha em branco", e mesmo que o autor não espere nenhum tipo de inferência, ou nenhum conhecimento prévio, dificilmente um leitor vai deixar de fazer algum tipo de inferência baseado nas próprias experiências ou tirar algumas conclusões e fazer deduções a partir dos seus conhecimentos, mesmo que de outras áreas.

Outras vezes, o autor do texto parte do princípio de que está escrevendo para um leitor que sabe muito sobre o assunto. Nesse caso, ele deixa muita informação implícita, faz muita referência a conhecimentos que ele espera que o leitor possua e deixa muitas "lacunas" no texto, que devem ser "preenchidas" pelo próprio leitor com o seu conhecimento prévio do assunto tratado. O papel do leitor, nesse caso, é intensamente ativo, não raro, ao longo de todo o texto.

Esses são os dois extremos do papel (sempre ativo) que o leitor pode e deve ter na leitura. Mas, entre esses dois extremos, existem muitas possibilidades, que deverão ser percebidas e reconhecidas pelo próprio leitor no ato de ler para que ele possa utilizar a melhor estratégia de leitura para cada caso.

Na pesquisa intitulada *Reading for understanding: toward a research and development program in reading comprehension* (Snow, 2002, p. 13), elaborada pelo Departamento de Educação dos Estados Unidos, a pesquisadora afirma que, para compreender o que lê,

> *a reader must have a wide range of capacities and abilities. These include cognitive capacities (e.g., attention, memory, critical analytic ability, inferencing, visualization ability), motivation (a purpose for reading, an interest in the content being read, self-efficacy as a reader) and various types of knowledge (vocabulary, domain and topic knowledge, linguistic and discourse knowledge, knowledge of specific comprehension strategies). Of course, the specific cognitive, motivational, and linguistic capacities and the knowledge base called on in any act of reading comprehension*

depend on the texts in use and the specific activity in which one is engaged.*

As habilidades e capacidades relacionadas pela autora são as que fazem com que um leitor seja considerado um bom leitor, aquele a respeito do qual já falamos anteriormente. No início, esses conhecimentos e estratégias precisam ser acionados, analisados e utilizados conscientemente pelo leitor, até que tudo isso seja internalizado, quando então o leitor será capaz de acionar os recursos necessários para a compreensão de cada texto, sem precisar pensar a respeito e considerar todos os recursos possíveis e disponíveis.

Síntese

Neste primeiro capítulo, introduzimos o conceito de leitura que vamos utilizar o neste livro, os propósitos de leitura que comumente temos e quais são as responsabilidades do leitor. Não só percebemos que leitura é decodificação de letras, palavras e sentenças, mas também que ela implica um trabalho ativo por parte do leitor, que deve construir sentidos a partir do texto lido, utilizando para isso seus conhecimentos e suas experiências prévias. Vimos que existem diferentes propósitos de leitura e que, para atingi-los com eficiência, o leitor deve utilizar formas diferentes de leitura de acordo com cada um deles. Vimos, também, que o leitor tem um papel ativo na leitura, pois esta depende dele, dos seus conhecimentos e

---

* Um leitor deve ter um extenso número de capacidades e habilidades. Isso inclui capacidades cognitivas (por exemplo, atenção, memória, habilidade de análise crítica, inferência, habilidade de visualização), motivação (um propósito para ler, um interesse no conteúdo sendo lido, prática como leitor) e vários tipos de conhecimento (vocabulário, conhecimento do domínio e do tópico, conhecimento linguístico e de discurso, conhecimento de estratégias específicas de compreensão). É claro, capacidades cognitivas específicas, motivacionais e linguísticas e conhecimento básico requerido em qualquer ato de compreensão de leitura dependem dos textos em uso e das atividades específicas nas quais alguém está envolvido. (Tradução livre)

experiências, da aquisição de novos conhecimentos, da elaboração de sentidos, da consolidação e do aprofundamento de saberes a partir do texto lido. Esta primeira parte visa nos lembrar, ou nos conscientizar, do trabalho que nos cabe, como leitores, no aprendizado e nos processos de leitura que faremos.

Indicações culturais

Sites

GRIMM'S FAIRY TALES. Disponível em: <http://www.cs.cmu.edu/~spok/grimmtmp/>. Acesso em: 20 set. 2010.

FABLES, FAIRY TALES, STORIES AND NURSERY RHYMES. Disponível em: <http://www.ivyjoy.com/fables/index.shtml>. Acesso em: 20 set. 2010.

HANS CHRISTIAN ANDERSEN. Disponível em: <http://hca.gilead.org.il/>. Acesso em: 20 set. 2010.

Nesse três *sites*, podem ser encontradas histórias infantis. Como forma de perceber na prática as diferentes leituras que podem ser feitas a partir de um mesmo texto, você pode ler uma ou mais dessas histórias e discutir com, no mínimo, mais duas pessoas, comparando as interpretações e as diferentes construções de sentido em virtude do conhecimento prévio e das experiências de cada um.

TIME FOR KIDS. Disponível em: <http://www.timeforkids.com/TFK/kids>. Acesso em: 20 set. 2010.

Você pode fazer a mesma coisa com algum artigo da revista *Time for Kids*, disponível nesse *site*. Desse modo, você pode perceber que as leituras possíveis são bem mais limitadas em função do texto.

Atividades de autoavaliação*

1. Com relação aos conceitos de leitura, marque as afirmativas a seguir como verdadeiras (V) ou falsas (F) e assinale a alternativa que apresenta a sequência correta:

   ( ) A leitura é uma atividade concreta, observável, que utiliza determinadas funções e faculdades do ser humano, e por isso pode ser considerada uma atividade simples.
   ( ) Questionar e ser questionado são aspectos do que chamamos de *leitura*.
   ( ) Ler não é atribuição de significado ao que está escrito.
   ( ) As experiências de vida e os conhecimentos de mundo que o leitor tem vão influenciar nas leituras que ele faz.
   ( ) A construção de sentido sofre influência de um maior ou menor conhecimento do código linguístico do texto.

   a. V, F, V, V, F.
   b. V, V, F, F, V.
   c. F, V, F, V, V.
   d. V, F, V, V, F.

2. Relacione cada um dos propósitos de leitura com um dos contextos listados. Em seguida, marque a alternativa que corresponde à sequência encontrada:

   Contextos
   (F) Fora do ambiente escolar
   (D) Dentro do ambiente escolar

   Propósitos

   ( ) Estudar para o teste de história e conhecer o novo trabalho do seu autor favorito.

---

* Tente primeiro responder às questões propostas a seguir sem voltar ao texto. Depois disso, volte ao texto e verifique se as respostas está de acordo com a teoria apresentada. Só então confira as respostas no gabarito.

( ) Fazer um resumo do livro *Pride and Prejudice*, de Jane Austin.
( ) Saber mais sobre um assunto de que você gosta.
( ) Escrever um artigo sobre a educação e aprender o funcionamento do aparelho de DVD que você comprou.
( ) Aprender as regras do jogo *Taboo*.
( ) Responder a questões sobre a política educacional da China.

a. D, D, F, F, F, D.
b. F, D, D, D, F, D.
c. D, F, F, F, D, F.
d. F, F, D, D, D, F.

3. Sobre os propósitos de leitura, **não** é correto afirmar que:

a. Temos dois grandes propósitos de leitura, que são: por diversão e para obter alguma informação.
b. Sempre quando lemos alguma coisa, construímos algum significado ou obtemos alguma informação.
c. Os propósitos gerais de leitura (diversão e informação) não sofrem interferência do contexto social e, portanto, podem acontecer em qualquer contexto.
d. Na escola, os propósitos da leitura são, em geral, estabelecidos pelos professores.

4. Sobre o papel do leitor, analise as afirmativas a seguir:

I. O leitor tem como tarefa mais importante na leitura decodificar a mensagem.
II. O papel do leitor algumas vezes é só passivo. Tudo que ele tem que fazer é manter sua mente aberta para receber a mensagem.
III. O papel do leitor é sempre ativo, mas não é sempre o mesmo. Ele pode variar de acordo com o objetivo do leitor naquela leitura.
IV. O leitor não só pode como deve participar ativamente no processo de leitura.

São verdadeiras:

a. II e IV.
b. I e II.
c. III e IV.
d. I e III.

Atividades de aprendizagem

Questões para reflexão

1. Reflita sobre a dedução feita no final do parágrafo que faz referência a esta atividade (p. 19), perceba quais são as implicações das ideias ali expressas e tente responder às questões propostas a seguir.

   a. Para você, como leitor: Existem vantagens nesse ponto de vista sobre a leitura? Quais? Existem desvantagens? Quais?
   b. Para você, como professor: Existem vantagens nesse ponto de vista sobre a leitura? Quais? Existem desvantagens? Quais?

2. Leia as perguntas com atenção:

   a. O que você tem lido ultimamente?
   b. Por que/para que você leu, ou está lendo?

   Agora, responda de acordo com o idioma solicitado. Faça uma lista dos títulos já lidos para auxiliar a resposta.

   » Em português:

   _____
   _____
   _____

   » Em inglês:

   _____
   _____
   _____

Atividades aplicadas: prática

1. Leia rapidamente os textos a seguir e responda às questões que seguem:

Texto 1

> There once lived a gentleman and his wife, who were the parents of a lovely little daughter. When this child was only nine years of age, her mother fell sick. Finding her death coming on, she called her child to her and said to her, "My child, always be good; bear every thing that happens to you with patience, and whatever evil and troubles you may suffer, you will be happy in the end if you are so." Then the poor lady died, and her daughter was full of great grief at the loss of a mother so good and kind.
>
> The father too was unhappy, but he sought to get rid of his sorrow by marrying another wife, and he looked out for some prudent lady who might be a second mother to his child, and a companion to himself. His choice fell on a widow lady, of a proud and tyrannical temper, who had two daughters by a former marriage, both as haughty and bad-tempered as their mother. No sooner was the wedding over, than the step-mother began to show her bad temper. She could not bear her step-daughter's good qualities, that only showed up her daughters' unamiable ones still more obviously, and she accordingly compelled the poor girl to do all the drudgery of the household. It was she who washed the dishes, and scrubbed down the stairs, and polished the floors in my lady's chamber and in those of the two pert misses, her daughters; and while the latter slept on good feather beds in elegant rooms, furnished with full-length looking-glasses, their sister lay in a wretched garret on an old straw mattress. Yet the poor thing bore this ill treatment very meekly, and did not dare complain to her father, who thought so much of his wife that he would only have scolded her.

Fonte: Hewet, 2004.

Texto 2

The habit of carefully testing reagents, including distilled water, cannot be too early acquired or too constantly practiced; for, in spite of all reasonable precautionary measures, inferior chemicals will occasionally find their way into the stock room, or errors will be made in filling reagent bottles. The student should remember that while there may be others who share the responsibility for the purity of materials in the laboratory of an institution, the responsibility will later be one which he must individually assume.

The stoppers of reagent bottles should never be laid upon the desk, unless upon a clean watch-glass or paper. The neck and mouth of all such bottles should be kept scrupulously clean, and care taken that no confusion of stoppers occurs.

Fonte: Talbot, 2004.

Texto 3

DAILY SPECIALS

Sunday - The Bert Padel *herb roasted turkey w/ fruit & nut stuffing*	14.95
Monday - The Phyllis McCoy Jouber *tender smothered steak*	14.95
Tuesday - The Atty. Marvin Pettus *old-fashioned country chicken & dumplings*	12.95
Wednesday - The Lucille McEwen *maryland blue crab cakes (lump meat)*	16.95
Thursday - The Atty. Michael A Hardy *savory turkey meat loaf*	11.95
Friday - The Harry Carson *fried jumbo shrimp & spaghetti*	16.95
Saturday - The Bishop Jasper Rolle *fried coconut shrimp*	16.95

(continua)

(Conclusão - texto 3)

DAILY ENTREES

The Flores Forbes & Jill Nelson *fried, smothered, baked or bar-b-q chicken*	12.95
The Ludacris *fried chicken wings (4)*	11.95
The Terry Rivers *southern honey dipped fried chicken*	13.95
The Barbara Askins *fried or smothered pork chops*	11.95
The Monte Barret *fried or baked catfish*	14.95
The Honorable Keith Wright *short ribs of beef*	15.95
The Dr. Walter Delph *fisherman's platter (fried shrimp, catfish and crab cake)*	16.95

Fonte: Adaptado de Amy Ruth's, 2010.

Texto 4

New Words

43 Orange Street
Jersey City, NY 43566

July 25, 2010

Bright Co.
1243 Oak Street
Palm Springs, CA 34578

Dear Sir or Madame:

Our Company would like to offer a new service which can help you save your time. If you need to communicate with companies or people around the world, we can translate all sorts of letters and documents to many different languages. Besides, we have an excellent staff for real time translation to fourteen languages. They have been trained not only to translate, but also to deal with cultural differences which may lead to negotiation difficulties and/or mistakes.

Nowadays, no one needs to lose a good business arrangement or make a bad negotiation because of language and cultural differences. At New Words we have the skills and experience to come in and help you with your translations. If you would like to know more details we can stop by to explain how we work and offer you a free estimate of how much it would cost to get your letters and documents translated. Just give us a call at (430) 255-0101 and set up an appointment with one of our friendly operators.

Real time translation to:

Spanish; Portuguese; Italian; German; French; Arabic; Korean; Standard Chinese; Mandarin; Japanese; Russian; Swedish; Polish and Dutch.

Translation to all languages above, plus:

Albanian; Catalan; Bulgarian; Danish; African Languages; Hungarian; Hindi; Turkic; Kurdish; Irish; Hebrew, Norwegian and Welsh.

Sincerely,
(signature here)
Mary Stuart White
President

Texto 5

1.

Now I awake and see the light;
Lord, Thou hast kept me through the night.
To Thee I lift my voice and pray
That Thou wilt keep me through the day.
If I should die before 'tis done,
O God, accept me through Thy Son! Amen.

2.
The morning bright
With rosy light
Has waked me from my sleep;
Father, I own
Thy love alone
Thy little one doth keep.
All through the day,
I humbly pray,
Be Thou my Guard and Guide;
My sins forgive
And let me live,
Blest Jesus, near Thy side. Amen.

3.
Now I raise me up from sleep,
I thank the Lord who did me keep,
All through the night; and to Him pray
That He may keep me through the day.
All which for Jesus' sake, I say. Amen.

4.
O help me, Lord, this day to be
Thy own dear child and follow Thee;
And lead me, Savior, by Thy hand
Until I reach the heavenly land. Amen.

Fonte: Apples4theteacher, 2010.

Agora, responda:

1. Quais os possíveis propósitos de leitura de cada um dos textos nos contextos gerais apresentados a seguir?

Fora da sala de aula:
Texto 1:

Texto 2:

Texto 3:

Texto 4:

Texto 5:

Dentro da sala de aula:
Texto 1:

Texto 2:

Texto 3:

Texto 4:

Texto 5:

2. Qual é o papel do leitor em cada texto, para cada propósito levantado?

Fora da sala de aula:
Texto 1:

Texto 2:

Texto 3:

Texto 4:

Texto 5:

Dentro da sala de aula:
Texto 1:

Texto 2:

Texto 3:

Texto 4:

Texto 5:

Capítulo 2

Texto e sentido

Neste capítulo, vamos buscar estabelecer uma noção geral do que seja um gênero textual e citar exemplos de alguns dos gêneros mais comuns, embora neste estudo alguns deles venham a nos interessar mais que outros e recebam tratamento um pouco mais aprofundado nos demais capítulos em função dos nossos propósitos. Vamos ver, também, como se dá o processamento de textos na leitura sob alguns aspectos que consideramos mais relevantes no momento. Vamos, por fim, tratar de como geralmente fazemos para produzir sentido a partir dos textos que lemos; o que podemos e o que não devemos fazer na qualidade de leitores, pois, da mesma forma que não somos apenas receptores de conhecimento, também não podemos criar livremente sentidos para um texto, como se qualquer sentido fosse possível a partir de qualquer texto.

2.1 Gêneros textuais

Desde o momento em que nascemos, precisamos interagir socialmente para garantir nossa sobrevivência. Nessa interação, aprendemos a utilizar formas relativamente estáveis de comunicação, pois percebemos que a repetição de determinada forma produz resultados similares. Por exemplo, se ensinada, uma criança percebe que o fato de pedir alguma coisa utilizando a expressão *por favor* não garante a obtenção do que ela quer, mas que dificilmente ela obterá o que pedir se não utilizar essa expressão. Esse tipo de aprendizado nem sempre é explícito. Pode ocorrer também pela repetição da experiência e pela intuição, como quando a criança percebe que a forma de pedir um favor a alguém (o tom de voz, a entonação usada) é diferente daquela empregada para contar uma piada, que por sua vez é diferente daquela quando alguém está brigando, ou quando um está chamando a atenção do outro e assim por diante. Podemos entender, desse modo, que, consciente ou inconscientemente, usamos formatos-padrão para estruturar nosso discurso, seja ele oral ou escrito.

Essas diferentes formas são o que chamamos *gêneros*. De acordo com Swales (1990), o termo *gênero* é frequentemente usado, hoje em dia, para fazer referência às diferentes categorias do discurso. Segundo esse autor, o conceito de gênero ainda não está muito claro. Este é um termo utilizado diferentemente por algumas áreas do conhecimento, como a literatura, a linguística e a análise do discurso.

Não pretendemos nem podemos estabelecer uma definição conclusiva desse termo neste trabalho. Mas, para que possamos ter certeza de que estaremos utilizando o mesmo conceito, ou a mesma ideia, vamos estabelecer uma diferença entre o que vamos chamar de *gênero*, de *estrutura* e de *tipo* de texto, tendo em mente que, nos trabalhos de outros autores, podemos, e certamente vamos, encontrar conceitos diferentes.

Assim, de agora em diante, quando falarmos em *gênero de texto*, estaremos nos referindo às classificações como **ficção**, **não ficção**, **fábulas, contos de fadas, quadrinhos, charge, peças de teatro, piadas**, entre outros. Quando falarmos em *estrutura de texto*, estaremos fazendo referência a padrões estabelecidos na relação entre as ideias, tais como **ordem cronológica, ordem de tempo, causa e efeito, divisão das peças em atos e cenas** etc. Já com relação aos *tipos de texto*, faremos referência a textos **narrativos** (exposição de acontecimentos reais ou imaginários que, mais ou menos, se encadeiam), **descritivos** (descrição da realidade ou da ficção que nela se baseia), **argumentativos** (textos que se desenvolvem através de recursos lógicos), **expositivos** (textos que dão a conhecer alguma coisa, por exemplo, uma aula) e **injuntivos** (exprimem uma ordem a ser seguida pelo interlocutor).

Podemos dizer que, normalmente, um "gênero" de texto utiliza uma "estrutura" principal de cada vez para garantir uma organização lógica e fácil de ser percebida e entendida pelo leitor. Mas pode conter (e comumente contém) mais de um "tipo" ao mesmo tempo.

Por exemplo: uma fábula (gênero) pode ser contada com a utilização de uma estrutura principal de causa e efeito (sendo possível que em segundo plano seja utilizada uma ordem cronológica de acontecimentos) e conter descrições de personagens e narrativas de acontecimentos. É mais ou menos o que acontece no texto que mostramos a seguir.

> The slave and the lion
>
> A Slave ran away from his master, by whom he had been most cruelly treated, and, in order to avoid capture, betook himself into the desert. As he wandered about in search of food and shelter, he came to a cave, which he entered and found to be unoccupied. Really, however, it was a Lion's den, and almost immediately, to the horror of the wretched fugitive, the Lion himself appeared. The man gave himself up for lost: but, to his utter astonishment, the Lion, instead of springing upon him and devouring him, came and fawned upon him, at the same time whining and lifting up his paw. Observing it to be much swollen and inflamed, he examined it and found a large thorn embedded in the ball of the foot. He accordingly removed it and dressed the wound as well as he could: and in course of time it healed up completely. The Lion's gratitude was unbounded; he looked upon the man as his friend, and they shared the cave for some time together. A day came, however, when the Slave began to long for the society of his fellow-men, and he bade farewell to the Lion and returned to the town.
>
> Here he was presently recognized and carried off in chains to his former master, who resolved to make an example of him, and ordered that he should be thrown to the beasts at the next public spectacle in the theatre. On the fatal day the beasts were loosed into the arena, and among the rest a Lion of huge bulk and ferocious aspect; and then the wretched Slave was cast in among them. What was the amazement of the spectators, when the Lion after one glance bounded up to him and lay down at his feet with every expression of affection and delight!

> It was his old friend of the cave! The audience clamored that the Slave's life should be spared: and the governor of the town, marveling at such gratitude and fidelity in a beast, decreed that both should receive their liberty.

Fonte: Aesop, 2004.

Analisando esse texto, podemos esquematizar sua classificação da seguinte maneira:

» gênero do texto – fábula;
» estrutura do texto – causa e efeito + ordem cronológica dos acontecimentos;
» tipo de texto – narrativo.

Koch e Elias (2006) acreditam que cada um de nós desenvolve uma habilidade de interagir convenientemente e utilizar o gênero apropriado em cada ambiente social do qual fazemos parte. Elas chamam essa habilidade de *competência metagenérica*, que nos permite compreender e utilizar acertadamente os diferentes gêneros do discurso nas diferentes situações, mesmo sem ter conhecimento teórico algum sobre eles. Isso acontece com a leitura de textos também. Cada gênero de texto tem uma forma de organização, uma esquematização que lhe é característica e que facilita sua identificação, permitindo ao leitor perceber qual abordagem ele deve utilizar para interagir com cada texto conforme o gênero. Vejamos os dois textos a seguir:

Texto 1

> **A game of fives**
>
> Five little girls, of Five, Four, Three, Two, One:
> Rolling on the hearthrug, full of tricks and fun.
>
> Five rosy girls, in years from Ten to Six:
> Sitting down to lessons – no more time for tricks.

Five growing girls, from Fifteen to Eleven:
Music, Drawing, Languages, and food enough for seven!

Five winsome girls, from Twenty to Sixteen:
Each young man that calls, I say "Now tell me which you MEAN!"
Five dashing girls, the youngest Twenty-one:
But, if nobody proposes, what is there to be done?

Five showy girls – but Thirty is an age
When girls may be ENGAGING, but they somehow don't ENGAGE.

Five dressy girls, of Thirty-one or more:
So gracious to the shy young men they snubbed so much before!
* * * *
Five passe girls – Their age? Well, never mind!
We jog along together, like the rest of human kind:
But the quondam "careless bachelor" begins to think he knows
The answer to that ancient problem "how the money goes"!

Fonte: Carroll, 2002.

Texto 2

2. A type of problem which is slightly more complicated in appearance, but exactly comparable in principle, is the following: "What is the factor for the conversion of a given weight of ferrous sulphate ($FeSO_{4}$), used as a reducing agent against potassium permanganate, into the equivalent weight of sodium oxalate ($Na_{2}C_{2}O_{4}$)?" To determine the chemical equivalents in such an instance it is necessary to inspect the chemical reactions involved. These are:

$10FeSO_{4} + 2KMnO_{4} + 8H_{2}SO_{4} \rightarrow 5Fe_{2}(SO_{4})_{3} +$
$K_{2}SO_{4} + 2MnSO_{4} + 8H_{2}O,$
$5Na_{2}C_{2}O_{4} + 2KMnO_{4} + 8H_{2}SO_{4} \rightarrow 5Na_{2}SO_{4} +$
$10CO_{2} + K_{2}SO_{4} + 2MnSO_{4} + 8H_{2}O.$
It is evident that $10FeSO_{4}$ in the one case, and $5Na_{2}C_{2}O_{4}$ in the other, each react with $2KMnO_{4}$. These molecular quantities are therefore equivalent, and the factor becomes ($10FeSO_{4}/5Na_{2}C_{2}O_{4}$) or ($2FeSO_{4}/Na_{2}C_{2}O_{4}$) or (303.8/134).

Again, let it be assumed that it is desired to determine the factor required for the conversion of a given weight of potassium permanganate ($KMnO_{4}$) into an equivalent weight of potassium bichromate ($K_{2}Cr_{2}O_{7}$), each acting as an oxidizing agent against ferrous sulphate. The reactions involved are:
$10FeSO_{4} + 2KMnO_{4} + 8H_{2}SO_{4} \rightarrow 5Fe_{2}(SO_{4})_{3} +$
$K_{2}SO_{4} + 2MnSO_{4} + 8H_{2}O,$
$6FeSO_{4} + K_{2}Cr_{2}O_{7} + 7H_{2}SO_{4} \rightarrow 3Fe_{2}(SO_{3})_{3} +$
$K_{2}SO_{4} + Cr_{2}(SO_{4})_{3} + 7H_{2}O.$
An inspection of these equations shows that $2KMO_{4}$ react with $10FeSO_{4}$, while $K_{2}Cr_{2}O_{7}$ reacts with $6FeSO_{4}$. These are not equivalent, but if the first equation is multiplied by 3 and the second by 5 the number of molecules of $FeSO_{4}$ is then the same in both, and the number of molecules of $KMnO_{4}$ and $K_{2}Cr_{2}O_{7}$ reacting with these 30 molecules become 6 and 5 respectively. These are obviously chemically equivalent and the desired factor is expressed by the fraction ($6KMnO_{4}/5K_{2}Cr_{2}O_{7}$) or (948.0/1471.0).

Fonte: Talbot, 2004

Ao nos depararmos com esses textos, percebemos imediatamente que eles fazem parte de gêneros diferentes devido aos seus formatos. O primeiro, percebemos logo que é um poema por estar dividido visualmente em estrofes, que é uma característica recorrente e marcante desse gênero. Lendo o texto, podemos concluir, pelo tema, pela estrutura das sentenças e das rimas, que nossa identificação inicial estava correta. Percebemos que o segundo texto não se divide em estrofes e está repleto de números e letras, que nos lembram códigos ou fórmulas. Classificamos, inicialmente, então, como sendo possivelmente algum texto acadêmico e, com a leitura, confirmamos tratar-se de uma explicação sobre química.

É evidente, no entanto, que, para que consigamos identificar o gênero de cada texto, é necessário que já tenhamos tido algum contato prévio com esse gênero, ou ele não faria parte do nosso rol de gêneros conhecidos e, nesse caso, não poderíamos classificá-lo. Mas, saber identificar o gênero do texto ainda não nos garante a compreensão desse texto. Depois de identificado, ele precisa ser processado de alguma forma pelo nosso cérebro, ou seja, precisamos trabalhar com o texto para extrair dele a informação ou a mensagem que nos interessa e construir algum sentido a partir dela, atingindo, dessa forma, o propósito da nossa leitura.

Vejamos como podemos entender esse "processamento" do texto.

2.2 Processamento textual

Várias pesquisas indicam que as exigências e as dificuldades na compreensão dos leitores variam de acordo com a estrutura do texto e que leitores considerados proficientes apresentam como característica a capacidade de identificar e utilizar a estrutura do texto na sua compreensão.

Koch e Elias (2006) dizem que o processamento textual se realiza por meio de estratégias sociocognitivas e que mobiliza diferentes tipos de conhecimento armazenados na memória, divididos em três grandes grupos: o conhecimento linguístico, o enciclopédico ou conhecimento de mundo e o interacional.

No primeiro tipo, temos o conhecimento gramatical e o lexical, por meio dos quais compreendemos o texto na sua superfície (organização da estrutura linguística, coesão, escolha lexical etc.).

O segundo diz respeito aos conhecimentos e experiências pessoais, dos quais faz parte também o contexto sócio-espácio-temporal do leitor, sendo, portanto, um conhecimento bastante individual.

E o terceiro refere-se a conhecimentos interativos, como a capacidade do leitor de reconhecer os propósitos do autor do texto dentro do contexto em que esse autor está inserido (ele quer fazer uma crítica, quer fazer rir, quer apresentar seu ponto de vista sobre o assunto etc.); à capacidade do autor de fazer adequadamente a seleção do gênero textual, da variante linguística, da quantidade de informação necessária, para que o seu leitor seja capaz de interagir com o texto da forma desejada (não escrever um romance de 200 páginas em forma de receita de bolo, ou um artigo científico em forma de poema); à utilização de recursos gráficos, linguísticos e outros apoios textuais que assegurem a compreensão do texto e **não** que a dificultem (letras maiúsculas, léxico, estrutura de sentenças, pontuação, figuras, diagramação etc.); ao conhecimento do leitor da estrutura geral e do gênero do texto, possibilitando a conexão do texto a ser lido com os seus próprios objetivos de leitura (ninguém vai ler o horóscopo achando que vai encontrar ali o resultado do jogo de futebol do dia anterior, ou vai ler um artigo científico como se estivesse lendo um romance).

Os conhecimentos interacionais serão abordados a seguir, pois esse tipo de conhecimento exerce influência direta no processamento textual. Serão também trabalhados e utilizados, à medida que forem necessários ao longo deste estudo, especialmente na prática. Os do segundo grupo, por serem conhecimentos individuais, não serão analisados por nós neste livro, visto não ser esse nosso objetivo aqui, mas serão mencionados no final deste item e no próximo, já que são o elemento-chave em um tipo de processamento textual e exercem uma função muito importante na produção de sentidos. Vamos nos concentrar, então, no conhecimento linguístico, que constituirá a base para que possamos atingir nossos objetivos de melhorar a nossa capacidade de compreensão e de fazer leituras de forma mais eficaz.

Para que possamos aprender a utilizar o conhecimento linguístico adequadamente na leitura, precisamos entender a visão que duas áreas afins com a linguística têm sobre a leitura.

As pesquisas em leitura, principalmente na área da psicologia e da psicolinguística, são unânimes em afirmar que, na leitura proficiente, as palavras não são lidas letra por letra ou sílaba por sílaba, mas como um todo não analisado, isto é, por reconhecimento instantâneo e não por processamento analítico-sintético. (Kato, 2007, p. 33)

Vamos tentar entender melhor com um exemplo: quando vemos um "objeto" todo verde, aparecendo acima do telhado de uma casa, formado por inúmeros pedacinhos interligados que balançam ao vento sem, no entanto, se deslocarem para outro local, não precisamos ver o resto dele, isto é, analisar detidamente suas partes (ver seu tronco, folhas, ver suas raízes ou suas flores e frutos) para sabermos que se trata da copa de uma árvore e a identificarmos de imediato como tal. Esse nível de detalhamento só seria necessário se esse "objeto" nos fosse completamente desconhecido.

O contexto em que a árvore aparece (na natureza, presa ao chão, de cor verde, com determinadas proporções em relação às outras coisas etc.) nos ajuda a identificá-la com certo nível de precisão. E se analisarmos mais detidamente o tamanho, o tipo de folha, a existência ou não de flores ou frutos, podemos então identificar a espécie provável à que essa árvore pertence (frutífera, conífera ou outra qualquer). Dessa forma, podemos continuar aprofundando, cada vez mais, nosso conhecimento sobre a árvore.

Na leitura proficiente, acontece o mesmo. Quando lemos, nosso cérebro processa os grupos de letras como um todo e não individualmente, e, dessa forma, é capaz de identificar a palavra por meio de suas partes, sem precisar "enxergar" a palavra toda. A análise mais detida da palavra se faz necessária em relação às palavras desconhecidas. Quando lemos, por exemplo, a palavra *geography*, o nosso cérebro identifica as letras da palavra como um todo e basta ler o início da palavra para atribuirmos um significado a ela. Fica mais fácil perceber isso quando se trata da nossa Língua Materna. Para isso, vamos fazer uma experiência com uma atividade (ver Questões para Reflexão, exercício 1).

Da mesma forma que acontece com a árvore, podemos usar o contexto de uma palavra para inferir o seu significado, mesmo que aproximado, como, por exemplo, na sentença: "*The girl cried, because she was feeling extremely blue and alone that night*". Se partirmos do princípio de que reconhecemos todas as palavras da sentença, que conhecemos o significado mais usual de cada uma delas e usarmos esse conhecimento na tradução dela, poderemos ter algo como: "A garota chorou, porque ela estava se sentindo extremamente azul e sozinha naquela noite".

Isso acontece porque, se nós conhecermos apenas um significado de cada palavra, não conseguiremos atribuir outro significado ao termo *blue* que não seja o da cor. Ou seja, se não soubermos que a palavra *blue* tem outro significado e insistirmos em traduzi-la por "azul", apesar de perceber que ela não cabe naquele contexto, a sentença como um todo passa a não fazer sentido. Vamos ter como resultado, nesse caso, a compreensão apenas parcial do enunciado.

Imaginando uma situação em que não pudéssemos utilizar um dicionário, poderíamos chegar ao significado (exato ou aproximado) de *blue* analisando o contexto em que a palavra aparece. Podemos começar percebendo que esse termo não pode significar "a cor azul", a não ser que ela (a garota) fosse uma extraterrestre, estivesse asfixiada ou coisa parecida, o que não vamos considerar como possibilidade neste momento. Sendo assim, analisando a sentença detalhadamente, temos que:

» *the girl* = a garota (substantivo feminino);
» *cried* = chorou (verbo no tempo passado simples);
» *because* = porque (conjunção que exprime um motivo);
» *was feeling* = estava se sentindo (verbo no tempo passado contínuo);
» *extremely* = extremamente (advérbio de modo);
» *and* = e (conector que indica uma adição);
» *alone* = sozinha (adjetivo);
» *that night* = naquela noite (adjunto adverbial de tempo).

Percebemos que o termo *blue* está ligado ao adjetivo *alone* por meio do aditivo *and*. Isso nos indica que o termo deve ser também um adjetivo e, nesse caso, podemos atribuir a ele um significado de conotação semelhante: uma conotação negativa devido ao contexto anterior (a garota chorou), ou ele deveria estar ligado por outro conectivo, como *ou*, *mas*. Como vimos anteriormente que a cor azul não faz sentido no enunciado, mesmo que não possamos chegar ao significado exato do termo, no caso *triste*, temos como saber qual é a ideia que está sendo transmitida por aquele termo dentro do contexto apresentado, isto é, podemos saber a sua conotação.

Essa é uma análise simples, mas que nos permite ver como o conhecimento linguístico pode ser usado na compreensão de um texto e na produção de sentido, que será abordada no próximo item.

No processamento textual, o leitor faz uma integração do que já conhece com as novas informações trazidas pelo texto. Para fazer isso, ele utiliza algumas estratégias cognitivas, que pertencem aos seus conhecimentos interacionais. A estratégia que nos interessa agora é a que nos possibilita processar os novos conhecimentos da forma mais adequada para que possamos alcançar nosso objetivo de leitura com a máxima eficiência.

Estudiosos dessa área de leitura, como as já anteriormente citadas Nuttall (2000), Koch e Elias (2006), entre outros, costumam classificar o processamento das novas informações em *top-down* e *bottom-up*, que implicam, respectivamente, uma análise descendente e uma ascendente da informação. No primeiro caso, o leitor faz uma apreensão das ideias gerais e principais do texto, utilizando com mais intensidade a macroestrutura do texto (gênero, organização, estrutura do texto etc.), as informações não visuais (implícitas) e a função comunicativa do texto, fazendo constante uso de inferências e predições na construção do significado. No segundo caso, o leitor constrói os significados com base em elementos do texto, como estrutura de sentenças, de palavras, ortografia, relação entre termos, e faz um processamento mais detalhado do texto na busca de significados mais precisos.

Em geral, todos os leitores utilizam os dois processos. Entretanto, é bastante comum ver que os leitores usam um ou outro com maior frequência. O leitor ideal é aquele que sabe fazer uso adequadamente dos dois processos, de acordo com a necessidade, para atingir os seus objetivos. É preciso tomar cuidado para não utilizar um tipo de processamento em detrimento do outro, pois, dependendo dos objetivos, isso pode acarretar problemas de interpretação, como o de fazer adivinhações em excesso apenas com o uso de seu conhecimento prévio, sem buscar a devida confirmação da informação no texto, no caso do *top-down*; e o de não fazer as leituras nas entrelinhas que podem ser necessárias à construção do sentido, por se estar "mergulhado" demais na compreensão de detalhes, como o significado exato de um vocábulo, que possam ser irrelevantes ao objetivo pretendido naquele momento, no caso do *bottom-up*.

É bom ressaltar que o uso desses dois processos de leitura, em geral, não acontece conscientemente. Ninguém pensa: "vou começar a ler usando o processo *top-down*", ou então: "acho que agora vou precisar usar o *bottom-up*, porque não estou conseguindo entender o final deste parágrafo". Todos nós sabemos usar e usamos de fato os dois processos intuitivamente, como já dissemos. Mas, então, por que precisamos aprender isso? Por que precisamos entender como eles funcionam? É simples: é importante saber como e quando utilizar para conseguir maior agilidade e eficiência na leitura. Não precisamos entender profundamente a teoria, mas é muito bom ter algum conhecimento teórico a esse respeito porque, quando conseguimos utilizar os dois processos conscientemente, podemos empregá-los como recursos de leitura e escolher qual deles usar e em que momento. Com o tempo, começamos a fazer essa escolha naturalmente, automaticamente, sem pensar nela. É como quando aprendemos a nadar. No início, precisamos prestar atenção e escolher, conscientemente, para que lado virar a cabeça para respirar. Até coordenar os movimentos, atrapalhamo-nos um pouco, "engolimos água", ficamos "sem fôlego". Com o tempo, essa escolha fica automatizada e passamos a virar a cabeça para o lado certo sem ficar pensando no movimento que estamos fazendo. Precisamos, conscientemente, ensinar nosso cérebro a fazer a escolha do processo para não ficarmos constantemente "engolindo água" ou "perdendo o fôlego" na leitura (ver Questões para Reflexão, exercício 2).

2.3 Produção de sentido

Como vimos, o ideal é que o leitor saiba utilizar, na medida certa, as estratégias sociocognitivas dos três grandes grupos dos quais falamos no item anterior. Isto é, o leitor deve saber usar tanto os seus conhecimentos prévios, quanto seus conhecimentos linguísticos e os interacionais na produção de sentidos. Esse ponto de vista é adotado por vários autores. Vejamos o que dizem alguns deles.

Grellet (1981, p. 7) afirma que:

Leitura é um processo constante de adivinhação, e o que alguém traz para o texto é frequentemente mais importante do que o que alguém encontra nele. Esta é a razão pela qual, desde o início, os alunos deveriam ser ensinados a usar o que eles sabem para entender elementos desconhecidos, quer sejam eles ideias ou simples palavras. Isso é melhor atingido através de uma abordagem global do texto.*

Para ela, os maiores detalhamentos do texto poderiam ser feitos em um segundo momento, em uma segunda leitura, sempre que necessário. A produção de sentido e a necessidade de utilização de um processo ou de outro dependem, portanto, dos propósitos que temos com aquela leitura e do montante do nosso conhecimento de mundo e linguístico com o qual podemos contar na produção de sentidos.

Koch e Elias (2006, p. 19) afirmam que, no processo de produção de sentido que se baseia na concepção de leitura como sendo interação entre autor, leitor e texto, se por um lado,

necessário se faz considerar a materialidade linguística do texto, elemento sobre o qual e a partir do qual se constitui a interação, por outro lado, é preciso também levar em conta os conhecimentos do leitor, condição fundamental para o estabelecimento da interação, com maior ou menor intensidade, durabilidade, qualidade.

---

* Tradução livre do original: "Reading is a constant process of guessing, and what one brings to the text is often more important than what one finds in it. This is why, from the very beginning, the students should be taught to use what they know to understand unknown elements, whether these are ideas or simple words. This is best achieved through a global approach to the text."

Vemos, assim, que a produção de sentido depende dos conhecimentos do leitor, não só sobre as estratégias sociocognitivas de leitura mencionadas, mas em grande medida do seu conhecimento prévio sobre o assunto em questão. No momento de uma leitura, não podemos separar o que estamos lendo do nosso conhecimento prévio. As ligações que fazemos entre o "novo" e o "velho" facilitam nosso processamento de informações e, assim, a compreensão do texto. Isso significa que o maior ou menor entendimento de um mesmo texto varia conforme o leitor. Segundo Nuttall (2000), o leitor não apreende todos os significados de um texto e, portanto, o fato de um significado estar no texto não garante que o leitor vá acessá-lo. Uma consequência disso é que um mesmo texto pode ser de fácil compreensão para um leitor e de difícil para outro, o que nos leva a perceber que a escolha das estratégias a serem utilizadas deve ser realizada pelo próprio leitor, na medida de suas necessidades e de acordo com seus propósitos. Outra consequência da diferença de conhecimento de mundo entre os leitores é que não podemos pensar em um único sentido para um texto. E, nesse caso, além de voltarmos a um problema já levantado no primeiro capítulo, que é a pluralidade de sentidos de um texto, também esbarramos na questão do que faz com que um texto seja considerado de fácil ou de difícil compreensão para o leitor. Com relação às pluralidades de sentido, vemos que

> *a pluralidade de leituras e de sentidos pode ser maior ou menor dependendo do texto, do modo como foi constituído, do que foi explicitamente revelado e do que foi implicitamente sugerido, por um lado; da ativação, por parte do leitor, de conhecimentos de natureza diversa, [...] e de sua atitude co*operativa perante o texto, por outro lado. (Koch; Elias, 2006, p. 22)

Em outras palavras, isso significa que as leituras possíveis dependem do gênero, da estrutura e do tipo de texto, além da postura que o leitor adota perante o texto (se ele é um leitor cooperativo ou não) e do quanto ele é efetivamente capaz de colaborar na leitura.

Nuttall (2000) afirma que leitor e escritor devem ter algo em comum para que a comunicação aconteça, devem partilhar algumas coisas, caso contrário elas se tornarão fontes de dificuldades e o texto será considerado de difícil compreensão. A primeira delas é o código linguístico, que deve ser compartilhado. Ou seja, ler em inglês sem ter o mínimo conhecimento do código é extremamente difícil, quando não impossível. Assim como nos seria impossível, sem conhecer os ideogramas do japonês, tentar ler qualquer texto, sentença ou mesmo palavra nesse idioma. Portanto, vemos que o conhecimento da língua, incluindo aqui o vocabulário, a estrutura e o funcionamento, é quesito básico para a produção de sentido. Mas, mesmo conhecendo a estrutura e o funcionamento da língua, não é incomum o leitor enfrentar problemas com o vocabulário. Quando ele é a única fonte de dificuldade, uma simples tradução muitas vezes resolve o problema. No entanto, quanto mais limitado for o vocabulário do leitor e quanto maior for a sua dependência do dicionário, mais difícil fica a leitura e a compreensão.

A segunda é o conhecimento prévio que o escritor e o leitor têm do assunto. Se o leitor não sabe nada ou quase nada sobre física quântica, vai ser difícil ele colaborar com algum conhecimento prévio ou experiência na construção de algum sentido a partir de um texto sobre esse assunto. Além disso, consultar o dicionário pode não ser prático ou útil se o entendimento das definições dependerem de conceitos elementares que o leitor não possui.

A terceira coisa que leitor e escritor devem partilhar é o nível de conhecimento do vocabulário utilizado, ou seja, a complexidade dos conceitos implícitos no vocabulário utilizado deve ser a mesma para o escritor e para o leitor. Se o vocabulário utilizado expressar conceitos muito complexos, pode ser que o leitor, embora entenda o significado aproximado da palavra, não consiga alcançar algum significado mais profundo do texto por não ter claramente elaborado em sua mente os tais conceitos, com toda a complexidade que eles envolvem.

Além de precisar haver algo em comum entre escritor e leitor, acontece que, algumas vezes, nós não dizemos algumas coisas diretamente.

Nesses casos, deixamos **implícito** o que (não) queremos dizer. Então, para que o nosso leitor possa entender o que está implícito, ele precisa **fazer inferências**. Mas podemos fazer inferências sobre o texto, mesmo quando o escritor não está deixando nada intencionalmente implícito. É o que também chamamos de *ler nas entrelinhas*. Isso não significa, é claro, que podemos inferir qualquer coisa. Muitas vezes temos mais informações sobre um assunto do que o texto nos traz e, nesse caso, precisamos tomar cuidado para não atribuir ao texto uma informação que ele não nos dá, nem explícita nem implicitamente.

Síntese

Neste capítulo, lançamos um olhar sobre os gêneros textuais, buscando entender a importância de saber identificá-los e de usar o conhecimento que temos sobre eles para compreendê-los. Estabelecemos as diferenças conceituais entre gênero, estrutura e tipo de texto para que possamos "falar a mesma língua" e para perceber que o reconhecimento dessas classificações e dos elementos que as constituem dentro do texto direcionam o processamento das informações na construção dos possíveis sentidos.

Na segunda parte, vimos que o processamento do texto se dá por meio de estratégias sociocognitivas, que podem ser divididas em três grupos de conhecimento: linguístico, de mundo e interacional. O conhecimento de mundo depende do próprio leitor, de suas experiências de vida e como leitor. O conhecimento interacional depende tanto do escritor quanto do leitor, uma vez que, para haver comunicação, deve existir uma interação do escritor com o texto e com o leitor, e do leitor com o texto, sendo que leitor e escritor precisam ter em comum certos conhecimentos de mundo e linguísticos, para o máximo de sentidos pretendidos pelo escritor poder ser apreendido pelo leitor. O conhecimento linguístico, que servirá de base para nosso estudo, envolve o conhecimento do léxico, da estrutura e do funcionamento da língua.

Vimos também que o processamento textual na leitura proficiente acontece de forma global e não em pequenas partes, ou seja, o cérebro não processa letra por letra ou sílaba por sílaba, mas sim as palavras como um todo. Vimos também que, no processamento de um texto, o leitor faz a interação entre o conhecimento "velho" e o "novo" e que, nesse processamento, devemos utilizar ambas as estratégias de análise de texto, descendente (*top-down*) e ascendente (*bottom-up*), dependendo dos nossos objetivos de leitura e das nossas dificuldades de entendimento.

Percebemos que é nessa interação de conhecimentos velhos e novos que acontece a produção dos sentidos e que, frequentemente, nós também produzimos sentidos com base no que está implícito no texto, embora isso não signifique a possibilidade de se inferir qualquer sentido que não esteja de fato, explícito ou implícito, no texto.

Indicações culturais

Procure encontrar (em livrarias, bibliotecas ou na internet) e ler gêneros de texto que geralmente você não lê: peças de teatro, poesia, fábulas etc. Mesmo que você não goste do gênero, essa leitura vai ajudá-lo a compreender melhor as diferenças de registro utilizadas. Preste atenção à formalidade ou à informalidade; ao vocabulário utilizado; ao conhecimento prévio que o texto exige do leitor e à maior ou menor liberdade de construção de sentidos que o texto dá ao leitor.

Atividades de autoavaliação

1. Que tipo de leitor pode ser considerado "proficiente"?
    a. Aquele capaz de ler mais rapidamente.
    b. Aquele capaz de reconhecer ou inferir o significado de todo o vocabulário usado no texto.
    c. Aquele capaz de ler nas entrelinhas.
    d. Aquele capaz de relacionar velhos e novos conhecimentos na produção de sentidos.

2. Pode-se considerar um exemplo do que Koch e Elias chamam de *competência metagenérica*:

   a. Escrever uma carta comercial sem cabeçalho e sem assinatura.
   b. Conversar com o ministro da educação utilizando gírias e palavrões.
   c. Falar sobre a previsão do tempo para o fim de semana com o motorista de táxi.
   d. Explicar para uma criança de três anos por que ela deve aprender o português padrão.

3. Relacione as situações a seguir com um dos três grupos de conhecimento propostos por Kock e depois marque a alternativa com a sequência correta:

   1. Identificação e interpretação dos elementos coesivos da sentença.
   2. Identificação do gênero e da estrutura do texto.
   3. Identificação do contexto social da época em que o texto foi escrito.

   a. Linguístico, enciclopédico e interacional.
   b. Linguístico, interacional e enciclopédico.
   c. Interacional, linguístico e enciclopédico.
   d. Enciclopédico, interacional e linguístico.

4. Marque a alternativa que apresenta dois exemplos de estratégias que chamamos de *bottom-up* seguidos de dois exemplos de *top-down* que um leitor deve saber usar na construção de sentido:

   a. Apreender as ideias gerais do texto; utilizar as informações implícitas; fazer uso de predições; utilizar os elementos textuais.
   b. Fazer uso de inferências; fazer uso da estrutura da sentença; buscar o significado preciso da palavra; utilizar a organização do texto.

c. Apreender as ideias principais do texto; identificar a função comunicativa do texto; verificar a relação entre alguns termos; utilizar a estrutura da palavra no seu reconhecimento.

d. Verificar a relação entre dois termos; procurar significados no dicionário; identificar a estrutura do texto; utilizar informações não visuais.

Leia o excerto a seguir e responda às questões de 5 a 7:

> Charlotte returned as a teacher from 1835 to 1838. In 1839 she took up the first of many positions as governess to various families in Yorkshire, a career she pursued until 1841. In 1842 she and Emily travelled to Brussels to enroll in a pensionnat run by Constantin Heger (1809 – 1896) and his wife Claire Zoé Parent Heger (1804 – 1890).

Fonte: Academic Dictionaries and Encyclopedias, 2010.

5. Quanto ao gênero, esse excerto deve ser classificado como:

   a. romance.
   b. biografia.
   c. fábula.
   d. texto acadêmico.

6. Podemos dizer, por meio desse excerto, que uma das relações entre as ideias do texto ao qual ele pertence estabelece é uma:

   a. relação de causa e efeito.
   b. relação de comparação e contraste.
   c. apresentação em ordem cronológica.
   d. apresentação em ordem de importância.

7. Observando esse excerto, podemos dizer que ele pertence a um texto do tipo:

   a. narrativo.
   b. descritivo.
   c. argumentativo.
   d. expositivo.

Atividades de aprendizagem

Questões para reflexão

1. Leia o texto a seguir, já bastante divulgado por *e-mails*, o mais rápido que puder. Depois, leia novamente mais devagar e pense como isso está relacionado com o que acabamos de ver. Analise como essa forma de processamento usado pelo cérebro pode modificar a sua forma de ler.

> *Miuto Itneressanrte!*
> De aorcdo com uma pqsieusa de uma uinrvesriddae ignlsea, não ipomtra em qaul odrem as lrteas de uma plravaa etãso, a úncia csioa iprotmatne é que a piremria e útmlia lrteas etejasm no lgaur crteo.
> O rseto pdoe ser uma bçguana ttaol que vcoê pdoe anida ler sem pobrlmea.
> Itso é poqrue nós não lmeos cdaa lrtea isladoa, mas a plravaa cmoo um tdoo.

(Fonte: Autor desconhecido).

2. Leia os parágrafos a seguir e assinale a(s) fonte(s) de dificuldade que você encontra como leitor:

> Tässä ei myöskään ole kysymys tieteellisestä monografiasta, jonka aineena olisi _apis mellifica, ligustica, fasciata_ j.n.e., eikä kokoelmasta uusia havainnoita tai tutkimuksia. Tuskin tulen esittämään mitään, joka ei olisi tuttua ja tunnettua kaikille niille, jotka vähänkään ovat mehiläishoitoa harjottaneet. Etten taas tekisi teosta vaikeatajuiseksi, olen varannut teknillisempään teokseen joukon kokemuksia ja havainnoita, joita olen tehnyt kahdenkymmenen vuoden ajan harrastaessani mehiläishoitoa, koska se mielenkiinto, jota ne voivat herättää, lienee liiaksi rajotettua ja liian erikoista laatua. Aion yksinkertaisesti puhua "kultasiipi mehiläisistä" (Ronsardin "blondes avettes"), niinkuin tietämättömälle puhuu esineestä, jota tuntee ja rakastaa. (Em finlandês)

Fonte: Maeterlinck, 2004.

> The long strips, four in number, which form the front and rear edges of the upper and lower frames, are called the horizontal beams. These are each 20 feet in length. These horizontal beams are connected by upright strips, 4 feet long, called stanchions. There are usually 12 of these, six on the front edge, and six on the rear. They serve to hold the upper plane away from the lower one. Next comes the ribs. These are 4 feet in length (projecting for a foot over the rear beam), and while intended principally as a support to the cloth covering of the planes, also tend to hold the frame together in a horizontal position just as the stanchions do in the vertical. are forty-one of these ribs, twenty-one on the upper and twenty on the lower plane. Then come the struts, the main pieces which join the horizontal beams. All of these parts are shown in the illustrations, reference to which will make the meaning of the various names clear.

Fonte: Jackman; Russell, 2008.

a. Código linguístico não compartilhado.
b. Vocabulário desconhecido.
c. Falta de conhecimento prévio do assunto.
d. Grau de complexidade do vocabulário utilizado.

Atividades aplicadas: prática

Nos exercícios a seguir, leia as sentenças e marque a alternativa que expressa uma inferência que podemos fazer com base nessas afirmativas:

1. Only a few musicians are as internationally successful as Tom Jobim.

    a. Tom Jobim is the only internationally successful musician.
    b. Only a few musicians are successful.
    c. Many musicians are known around the world.
    d. Tom Jobim is a Brazilian musician.
    e. Tom Jobim is well known around the world.

2. Despite what many people believe, reading is not only a matter of knowing the vocabulary that's been used.

   a. Reading is only a matter of knowing the vocabulary used in the text.
   b. Many people believe that knowing vocabulary is not the same as knowing to read.
   c. Reading requires knowing the vocabulary.
   d. People believe they do not need to know the vocabulary.
   e. People do not care if they know the vocabulary used or not.

3. It is interesting to notice that technology can be our best hope for preventing and repairing environmental damages, though it can hurt the environment too.

   a. Technology is a unique way to prevent environmental damage.
   b. *Hurt* and *damage* have opposite meanings.
   c. Technology is hurting and repairing the environment at the same time.
   d. Technology can damage or help the environment.
   e. Technology is interesting.

4. Nine out of ten dermatologists responding our questionnaire said they recommend our new shampoo to their patients if they recommend anything.

   a. Of the dermatologists who responded our questionnaire, 90% of them recommended our new shampoo.
   b. Nine out of ten dermatologists recommended the new shampoo.
   c. Almost all dermatologists recommend the new shampoo.
   d. If they recommend anything, nine out of ten dermatologists who responded the survey recommend the new shampoo.
   e. Only ten dermatologists responded the survey.

Capítulo 3

Processos e estratégias de leitura

Neste capítulo, vamos buscar entender o que são e para que servem os processos e as estratégias de leitura. Depois, vamos ver como aplicar esses processos e estratégias, na prática, com diferentes textos e diferentes propósitos de leitura.

Podemos dizer, de maneira bem simplificada, que a leitura é um processo de comunicação que envolve um escritor, uma mensagem e um leitor. Os processos relacionados na escrita do texto não são nosso objeto de estudo, por isso não entraremos nesse assunto. Os processos de codificação da mensagem, isto é, a forma que o escritor utilizou para transmitir a sua mensagem em um determinado texto, o gênero que ele escolheu, a estrutura que utilizou, o tipo de texto que ele redigiu, as relações lexicais, os recursos gráficos etc. serão abordados oportunamente. Selecionamos, assim, a partir do processo comunicativo simplificado da leitura, um dos tópicos de estudo deste capítulo, que é o processo utilizado pelo leitor na decodificação da mensagem trazida pelo texto e na consequente formação de sentido.

O outro tópico de estudo deste capítulo são as estratégias que devemos e/ou podemos utilizar durante o processo de leitura para que este possa ser otimizado.

3.1 Processos – envolvimento do leitor

Já vimos anteriormente que todo escritor tem um leitor ao qual se dirige. Vimos também que ele parte do pressuposto de que o seu leitor possui determinados conhecimentos sobre o assunto a ser tratado e que, por isso, ele não vai precisar entrar em certos detalhes, dar todos os conceitos ou explicar em profundidade todos os pontos específicos abordados no texto. Sendo assim, o leitor terá que utilizar os seus conhecimentos, aqueles que forem necessários, para completar as informações que não estão explícitas no texto e para o entendimento daquelas que estão.

Para entendermos como se dá o processo de interação leitor-texto, é preciso ter em mente que nós não entendemos uns aos outros total e completamente. Isso significa que, por mais que queiramos, não nos é possível apreender "exatamente" o que o escritor quis dizer no texto. Sempre haverá um ou mais pontos sobre os quais não teremos certeza de que aquilo que entendemos é "o que" o escritor quis transmitir de fato. Mas, então, por que vamos nos dar ao trabalho de ler? Bem, uma das razões pelas quais lemos é porque queremos entender as ideias uns dos outros. E o fato de não conseguirmos entendê-las integralmente não significa que não possamos entendê-las de forma alguma. Tanto isso é verdade que estamos aqui nos comunicando e você está me entendendo! E esse entendimento acontece porque, de um lado, eu estou fazendo o que posso para me expressar claramente, e, do outro lado, vocês estão fazendo o esforço (muito ou pouco, depende de cada um) necessário para me entender. Ou seja, nós estamos tentando cumprir nossos papéis da melhor maneira possível e isso facilita o nosso entendimento.

No primeiro capítulo, já falamos do papel ativo do leitor, mas vamos rever esse assunto, para apresentar mais algumas informações. Assim como o escritor assume que o leitor possui (ou não) certos conhecimentos quando vai ler qualquer texto, o leitor também parte de alguns pressupostos, como o de que o escritor tem alguma mensagem ou ideia a transmitir e na qual ele está interessado, e também que o escritor quer que ele entenda essa mensagem ou ideia e, por isso, deve ter escrito de forma a possibilitar esse entendimento. O que acontece, então, é que temos os dois polos da comunicação fazendo esforços para que ela realmente aconteça. O tamanho desse esforço vai depender de algumas variáveis, como: conhecimento do código linguístico usado, familiaridade com o tema e nível de especificidade da terminologia usada.

Para tentar entender isso um pouco melhor, podemos considerar que existem, basicamente, duas posições extremas em que o leitor se encontrará diante de a um texto: o acesso que ele terá ao significado poderá ser fácil e direto ou difícil e indireto. Entre esses dois extremos, há uma infinidade de posições intermediárias. Se, por um lado, o leitor compartilhar o mesmo código linguístico com o escritor; possuir o conhecimento prévio sobre o assunto que o escritor prevê, ou maior; souber exatamente quais os seus propósitos de leitura e o que fazer para atingi-los, certamente o acesso ao(s) significado(s) do texto será mais direto e fácil. Se, por outro lado, acontecer o oposto, o leitor terá muita dificuldade para acessar o(s) significado(s) e, muito provavelmente, terá que utilizar meios indiretos para atingir seus objetivos.

Um dos elementos de que primeiro nos utilizamos na compreensão de textos é a **predição**, que, conforme veremos mais adiante, também é uma estratégia. A predição de que estamos falando neste momento é aquela que fazemos logo no primeiro contato com o texto. Um exemplo pode esclarecer um pouco mais. Vamos supor que uma professora esteja trabalhando com seus alunos os problemas ecológicos atuais e diga a eles que vão ler um texto sobre os possíveis efeitos do derretimento das geleiras na sobrevivência ou extinção de um animal selvagem do Canadá. Antes mesmo de ter contato com o texto, ou de saber o título, somente a partir do assunto a ser lido, os alunos podem, devem e farão certas predições sobre o que é possível encontrar no texto. O tema explicitado pela professora vai acionar nos alunos o que chamamos de *esquemas mentais* (*schemata*, em inglês), nos quais armazenamos informações e as classificamos de acordo com o(s) grupo(s) ao(s) qual(is) pertence(m). Nesse exemplo, os alunos acessariam esquemas tais como seus conhecimentos sobre ecologia, em especial sobre o derretimento dos polos (e não seus conhecimentos de matemática); conhecimentos sobre o que significam os termos *sobrevivência* e *extinção* (e não dos termos polígono ou ventrículo); sobre animais selvagens (e não os animais domésticos); e sobre os animais que podem ser encontrados no Canadá (excluindo, portanto, animais como o elefante ou a girafa).

Essa predição faz com que o leitor selecione, entre seus conhecimentos linguísticos e de mundo, aqueles esquemas de que vai precisar para entender as ideias expressas no texto. Segundo Nuttall (2000, p. 13), "predição é importante porque ativa esquemas: isto é, ela nos faz relembrar quaisquer experiências e conhecimento associado que tenhamos sobre o tópico do texto". A predição por si só é "um elemento muito importante na maneira como processamos um texto" (Nuttall, 2000, p. 16) O processamento de textos em si é o que veremos agora.

Conforme mencionamos no capítulo 2, entre os estudiosos do assunto, existe um consenso de que nós podemos abordar os textos de duas formas básicas, isto é, para ter acesso a um texto nós utilizamos dois processos, que são o *top-down* e o *bottom-up*. Esses processos não são excludentes entre si, mas são utilizados de forma complementar, quer consciente, quer inconscientemente.

Já vimos que, no processo que estamos chamando de *top-down*, nós dirigimos nossa atenção para as questões gerais do texto, como o tema abordado, as ideias principais do texto, o propósito do autor etc. Nuttall (2000, p. 16) compara essa abordagem à visão que uma águia tem da paisagem, quando está voando a uma grande altitude, que é uma visão geral da área abaixo. É como quando olhamos pela janela de um avião e conseguimos ver o contorno das cidades, a divisão das plantações no campo, enfim, podemos ter uma visão geral da área, mas não podemos nos fixar nos detalhes. Percebemos, por exemplo, que em um terreno estão plantadas duas culturas diferentes pela diferença de tonalidade da plantação, mas não podemos dizer com certeza quais plantas são elas, ou seja, não temos acesso aos detalhes. Só para complementar a explicação, vejamos também como Kato (2007, p. 50) define esse processo: "O processamento descendente (*top-down*) é uma abordagem não linear, que faz uso intensivo e dedutivo de informações não visuais e cuja direção é da macro para a microestrutura e da função para a forma."

No processo que chamamos de *bottom-up*, dirigimos nossa atenção para os detalhes do texto, isto é, usamos elementos estruturais do texto como vocabulário e sintaxe para compreender o que queremos. A imagem que Nuttall (2000, p. 16) usa para explicar esse processo é a de um cientista observando uma planta através de uma lente de aumento. O cientista tenta entender detalhadamente uma pequena área apenas, que, no nosso texto, pode ser uma sentença, ou uma palavra, por exemplo. Ou seja, nesse processo, nós não temos a visão geral do texto, mas dos detalhes que o constituem. Nesse caso, Kato (2007, p. 50) nos diz que "o processamento ascendente (*bottom-up*) faz uso linear e indutivo das informações visuais, linguísticas, e sua abordagem é composicional, isto é, constrói o significado através da análise e da síntese do significado das partes" (ver Questões para Reflexão, exercício 1).

Segundo Nuttall (2000, p. 17), apesar de, pela lógica, se esperar que para compreender qualquer coisa nós devemos ter uma compreensão geral primeiro, "na prática um leitor muda continuamente de um foco para outro, ora adotando uma abordagem *top-down* para predizer um provável significado, depois mudando para a abordagem *bottom-up* para verificar se aquilo é realmente o que o escritor está dizendo." E ela chama o uso complementar dessas abordagens de *leitura interativa* (literalmente: *interactive reading*), e diz ainda que as duas abordagens, como dissemos anteriormente, "podem ser mobilizadas por escolha consciente, e ambas são importantes estratégias para leitores" (tradução livre). Podemos considerar, com base nisso, que **o uso** desses processos é uma estratégia de leitura. Mas o que podemos entender por *estratégia*?

3.2 Habilidades e estratégias – como lemos

A ideia de que existem algumas habilidades de leitura que possuímos ou que podem ser desenvolvidas pelo aprendizado e pelo treino, e utilizadas na atividade de leitura para acessar textos com mais eficiência, é ainda bastante controversa. Entre os estudiosos do assunto, ainda não se chegou a um consenso e permanecem dúvidas, tais como o que sejam as habilidades e as estratégias; se esses termos são sinônimos ou se existe alguma diferença de significado entre eles; se as habilidades podem mesmo ser ensinadas e aprendidas e qual é a influência que o conhecimento metacognitivo dessas habilidades e/ou estratégias tem no desempenho do leitor. Por isso, frequentemente essas habilidades são chamadas de *estratégias de leitura*. Ou seja, os termos *habilidade* e *estratégia*, no que diz respeito à leitura em LE (respectivamente denominadas em inglês como *skill* e *strategy*), são utilizados, muitas vezes, como sendo sinônimos. Assim, nós o faremos também neste nosso estudo.

Nas pesquisas realizadas pelo Pacific Resouces for Education and Learning (Lehr; Osborn, 2005, p. 15) encontramos que, de acordo com o National Reading Panel (NRP) 2000, antes da década de 1970, a compreensão de texto era alcançada com o uso de uma série de habilidades distintas que os alunos aprendiam e dominavam. Posteriormente, essas habilidades que os leitores proficientes apresentavam foram estudadas e denominadas, por alguns pesquisadores, de *estratégias de compreensão*, as quais o NRP define como sendo "procedimentos cognitivos específicos que guiam leitores a terem consciência do quão bem eles estão compreendendo enquanto tentam ler e escrever". (Lehr; Osborn, 2005, p. 15, tradução nossa).

Uma questão importante no trabalho com compreensão de textos é ajudar os alunos a construir representações coerentes das mensagens contidas no texto e conhecimentos novos a partir dessas ideias. Sabemos que algumas dessas estratégias cognitivas de compreensão de texto são desenvolvidas e usadas, consciente ou inconscientemente, por alguns leitores proficientes. Nossa intenção neste capítulo é apresentá-las e mostrar que você, leitor, também é capaz de aprender e utilizar essas estratégias para desenvolver e aumentar sua proficiência na leitura.

Na Questão para Reflexão, exercício 2 do primeiro capítulo, propusemos que você refletisse sobre **o que** e **por que** você lê cada um dos textos, tanto em português como em inglês. Mas você já parou para pensar em **como** você lê? Se não, então pense agora, e se já fez isso, faça novamente.

Quase todos nós lemos sem ter consciência exata do que estamos fazendo, de cada atitude que tomamos em cada instante da leitura, isto é, do processo envolvido no ato de leitura. Quando aprendemos a ler, aprendemos a juntar as letras, depois as palavras e então percebemos que aqueles sinais fazem sentido. Pronto, sabemos ler! É só continuar a seguir esses mesmos passos, unir letras e palavras e podemos nos considerar alfabetizados e leitores (será?). Essa é a ideia que, mais comumente do que desejaríamos, ainda é passada, não só no processo de alfabetização na LM, mas em boa parte do período escolar. Bem, na verdade não é exatamente assim que as coisas acontecem. Ser um leitor proficiente requer muito mais do que isso. Mas, afinal, estamos falando de LM ou LE? Estamos falando de ambas. A leitura em inglês requer, obviamente, certo conhecimento dessa língua, mas o processo é, com algumas ressalvas, basicamente o mesmo e as estratégias podem ser as mesmas. Por isso, as estratégias de leitura de que vamos tratar neste capítulo poderão ser usadas não só na leitura da língua inglesa, mas também na LM, como vocês poderão perceber no futuro.

Existem algumas maneiras de ler que são mais conhecidas e mais fáceis de serem reconhecidas por serem mais frequentemente utilizadas. Essas maneiras são usadas de acordo com o tipo de leitura que queremos fazer. Por exemplo: quando lemos um romance, o fazemos de forma diferente de quando lemos a lista telefônica em busca de algum número, ou de quando lemos a seção de esportes no jornal. Como principais maneiras de ler, podemos relacionar:

» correr os olhos sobre o texto, na intenção de verificar o assunto que está sendo tratado, ou seja, a ideia geral que o texto apresenta;
» correr os olhos sobre o texto para encontrar alguma informação específica;
» ler extensivamente (em geral textos longos), com a intenção de ter um entendimento global do texto, geralmente pelo prazer de ler;
» ler intensivamente (em geral textos curtos) para encontrar informações específicas detalhadas.

Essas formas de leitura, em geral, não são usadas isoladamente. Quando queremos encontrar uma informação, por exemplo, é bem provável verificarmos rapidamente a ideia geral do parágrafo, ou do texto, para só então fazer uma leitura mais detalhada do parágrafo em que achamos provável encontrar a informação desejada. Ou seja, empregamos uma ou várias dessas formas, dependendo do nosso propósito de leitura.

De acordo com Grellet (1981, p. 4), no processo de leitura estão envolvidas uma série de habilidades, ou estratégias. A autora cita uma lista dessas estratégias que consta originalmente no livro *Communicative Syllabus Design*, de John Munby, da qual fazemos uma tradução livre* a seguir:

» reconhecimento da escrita de uma língua;
» dedução do significado e uso de itens lexicais desconhecidos;
» compreensão de informações declaradas explicitamente;
» compreensão de informações quando não estão declaradas explicitamente;
» compreensão de significado conceitual;
» compreensão do valor comunicativo (função) de sentenças e pronunciamentos;
» compreensão das relações entre as sentenças;
» compreensão das relações entre as partes de um texto por meio de dispositivos de coesão lexical;
» compreensão da coesão entre as partes de um texto por meio de dispositivos de coesão gramatical;
» interpretação de texto "saindo dele" (*by going outside it*);
» reconhecimento de indicadores no discurso;
» identificação do ponto principal, informação mais importante em um discurso;
» distinção entre ideia principal e detalhes de apoio;
» extração de pontos proeminentes para resumir (o texto, uma ideia etc.);
» extração seletiva de pontos relevantes de um texto;
» habilidades de referência básicas;
» leitura rápida para saber qual a ideia geral do texto;

---

* Procuramos fazer uma tradução o mais fiel possível, mas tomamos a liberdade de fazer algumas pequenas alterações para tornar as ideias mais compreensíveis.

» leitura rápida para localizar informações requeridas;
» transposição de informação para apresentação em forma de diagrama.

As estratégias servem para ajudar o leitor a reter, avaliar e organizar as informações que lê, selecionando apenas o que de fato importa naquele momento. No entanto, saber quais são e como funcionam as estratégias de leitura não será suficiente se o leitor não souber como e quando usá-las. As estratégias por si só não garantem a compreensão; elas são apenas ferramentas, que, se utilizadas corretamente, poderão facilitar o trabalho do leitor.

3.3 Diferentes propósitos, textos e estratégias

Vamos começar a falar das relações entre estratégias, textos e propósitos de leitura, colocando algumas ideias importantes que os leitores devem ter em mente.

Vejamos o que Dickson, Simmons e Kame'enui (1998), citados por Lehr e Osborn (2005, p. 10), dizem sobre o assunto: "Pesquisas indicam que diferentes estruturas de texto colocam diferentes exigências na compreensão dos leitores e que aprender a identificar e tirar vantagem da estrutura do texto é uma característica de leitores proficientes".

Na mesma publicação, encontramos que, como estudos têm mostrado, alguns textos (incluindo livros de conteúdo de uma área que estudantes têm que ler na escola) são

desatenciosos com os leitores. Isto é, os textos não fornecem informação prévia suficiente nem fazem conexões suficientes entre as ideias que eles pretendem transmitir. (Armbruster, 1984; McKeown; Beck, 1994).

Aprender que os problemas de compreensão às vezes são o resultado de textos não muito claros e mal escritos pode aumentar a autoconfiança dos estudantes e levar a uma melhora de suas atitudes relativas à leitura. (Hacker, 1998, citado por Lehr; Osborn, 2005, p. 12)

O que queremos com essas citações é chamar a sua atenção, leitor, para que você procure perceber conscientemente se há dificuldades na leitura de determinado texto e o que pode estar causando cada uma delas. Por alguma razão, que não vem ao caso neste momento, temos a tendência de achar que todo texto, pelo simples fato de estar impresso, é um texto bem escrito. Isso é um mito, e a maioria de nós está consciente disso, mas, como dissemos, por algum estranho motivo, quando nos confrontamos com algum texto que devemos entender, mas com o qual temos dificuldades de lidar, a primeira coisa que nos passa em mente é que o problema está em nossa capacidade de compreender e não na redação do próprio texto. Esse é um ponto a ser considerado, embora não vá ser desenvolvido.

Mas, como estamos tratando de leitura em inglês, uma LE, devemos estar bem atentos para o problema levantado na primeira citação anterior, pois até mesmo problemas causados por textos mal redigidos podem ser minimizados quando conseguimos identificar e usar a nosso favor características como a estrutura do texto. Mas, afinal, onde tudo isso se encaixa na relação entre as estratégias, os textos e os propósitos? Encaixa-se nas nossas atividades de leitura, na medida em que precisamos ter conhecimento e consciência dos fatores que podem nos afastar dos objetivos que traçamos para determinada atividade.

Sempre que lemos alguma coisa, temos um propósito em mente e, de acordo com ele, vamos buscar os textos que podem servir para atingirmos tal propósito. Como em todas as atividades em nossa vida, na leitura também podemos encontrar textos que nos serão mais fáceis e outros mais difíceis de compreender. Essa classificação vai depender dos conhecimentos de que cada um dispõe no momento da leitura. A nossa preocupação é aprender a lidar com os textos que dificultam o cumprimento dos nossos objetivos. Para lidar com isso é que servem as estratégias de leitura, uma vez que as diferentes estruturas de texto exigem de nós tratamentos diferenciados na sua compreensão. Tendo isso em mente, vamos ao que nos propusemos.

No primeiro capítulo, tratamos dos propósitos de leitura de uma maneira geral. Nossa intenção agora é ver alguns propósitos mais específicos de leitura relacionados a determinados textos. Mas, longe de querermos esgotar as possibilidades, apresentaremos apenas uma lista básica de propósitos de leitura relacionados a diferentes gêneros de texto, que consideramos relevantes neste momento:

Quadro 1 – Propósitos de leitura

Romance/Ficção	Pelo **prazer** de ler. Para fazer algum **estudo** sobre o romance ou parte dele.
Receita culinária	Obter **informações** de como cozinhar.
Instruções	Obter **informações** de como montar ou consertar algo.
Carta comercial	Obter as **informações** contidas no documento.
Carta pessoal	Pelo **prazer** de saber notícias sobre alguém ou alguma coisa. Para receber **informações** sobre alguma coisa ou alguém.
Poesia	Pelo **prazer** de ler. Para fazer algum **estudo** sobre a poesia ou parte dela.
Artigo de revista	Pelo **prazer** de ler. Para obter alguma **informação**. Para saber as **ideias** do texto.
Texto acadêmico	Para obter alguma **informação**. Para saber as **ideias** do texto. Para poder **tirar conclusões** sobre as ideias do texto. Para fazer algum **estudo** sobre ou do texto. Para obter alguma **informação**. Para saber as **ideias** do texto. Para **estudar** o assunto do livro.
Índice remissivo	Obter **informações** sobre as páginas em que certos termos são citados. Saber se algum termo é citado em alguma parte daquele trabalho ou livro.
Sumário	Obter **informação** sobre os assuntos abordados no livro ou trabalho e a ordem em que são apresentados.
Resumo	Para decidir se vale a pena ler o texto integral – **informação**. Para saber quais são as **ideias** gerais do texto.

Essas são apenas algumas ideias de propósitos de leitura desses textos. Com certeza, você poderá relacionar vários diferentes desses, pois os propósitos de leitura podem ser determinados pelos outros ou podem ser estritamente pessoais. Bem, agora que vimos alguns propósitos de leitura, geralmente relacionados a certos gêneros de texto, vamos ver algumas estratégias consideradas gerais e outras mais específicas que podemos utilizar para facilitar a compreensão dos gêneros comentados e de outros não citados também.

Diferentes autores apresentam diferentes categorias e denominações para as estratégias. Sem nos preocupar em seguir esta ou aquela classificação, vamos listar as que consideramos mais importantes, mesmo correndo o risco de repetir em algum momento a mesma ideia com explicações diferentes. O que nos interessa mesmo é que você tenha conhecimento de estratégias que possam ser úteis na sua leitura daqui em diante. Para que isso aconteça, a repetição certamente fará parte do processo de aprendizado de uma forma ou de outra. Sendo assim, vamos às estratégias.

» **Inferência**: fazer inferência significa usar a lógica, a sintaxe e o conhecimento de mundo para descobrir o significado de elementos desconhecidos (pode ser o texto todo, uma sentença ou uma palavra). Segundo Kintsch e Kintsch (2004, p. 78), para que nossa compreensão possa ir além do que está escrito no texto, precisamos fazer inferências, e

algumas inferências vêm facilmente; elas são acionadas automaticamente durante a leitura, especialmente se o tópico é familiar. [...] No entanto, outras vezes, os leitores podem precisar trabalhar ativamente para inferir o que não está dito no texto e que eles precisam para seu entendimento pessoal. Textos quase nunca são completamente explícitos.

» **Predição**: termo que pode ser definido como "ato de predizer", ou dizer antecipadamente, essa estratégia, de acordo com Grellet (1981, p. 16), é uma habilidade elementar ligada ao processo de leitura e às outras estratégias. "É a faculdade de predizer ou adivinhar o que vem depois, fazendo uso de pistas culturais, lógicas e gramaticais. Esta habilidade está no centro de técnicas como '*antecipação*' ou '*skimming*'" (tradução livre).

» **Previsão**: na leitura,

diferente da predição, a previsão é uma técnica de leitura que envolve o uso do índice, do apêndice, do prefácio, do título do parágrafo e do texto para saber onde é provável que a informação requerida esteja. É particularmente útil quando 'skimming' e 'scanning' e como uma habilidade de estudo. (Grellet, 1981, p. 18, tradução livre)

» **Skimming**: essa estratégia consiste em passar rapidamente os olhos pelo texto com a finalidade de determinar o significado geral do que estamos lendo, para saber como o texto está organizado, ou para ter uma ideia do tom ou da intenção do autor. Requer, portanto, uma visão geral do texto e é uma estratégia extremamente importante para possibilitar uma leitura eficiente, assim como a estratégia a seguir.

» **Scanning**: semelhante à estratégia anterior, ela também consiste em olhar rapidamente o texto, mas a finalidade nesse caso é localizar informações específicas, ou saber se um texto é apropriado para o propósito que temos em mente. Nessa estratégia, nós não precisamos seguir a linearidade do texto. E, ao contrário do *skimming*, essa é uma estratégia que requer uma visão limitada do texto no sentido de que a intenção é reter somente as informações que são relevantes naquele momento (ver Questões para Reflexão, exercício 2).

Todas essas estratégias são usadas por leitores proficientes. Porém, tão ou mais importante que saber quais são e como funcionam as estratégias, é saber quando e como utilizá-las. Nuttall (2000, p. 48) diz que "uma das principais características de um bom leitor é a **flexibilidade**. [...] Pessoas que leem com flexibilidade são habilidosas para julgar o que elas precisam extrair de um texto para atingir seus propósitos. [...] Ler com flexibilidade significa manter sempre em mente quanto você precisa ler para satisfazer seus propósitos" (grifo da autora). Isso vai ajudar você a decidir quais partes do texto ignorar, em quais fazer um *skimming* para saber a ideia geral, quais partes você deve estudar cuidadosamente, e assim por diante.

Voltando aos gêneros vistos, e seus propósitos, podemos entender, então, que o uso das estratégias pode acontecer com qualquer gênero, em qualquer momento; só vai depender dos objetivos que queremos atingir com a leitura.

Síntese

Neste capítulo, falamos sobre os processos de leitura e o envolvimento necessário do leitor para que a interação entre ele e o texto seja possível. Vimos que existem algumas situações em relação ao texto em que o leitor pode se encontrar, o que torna o processo de leitura e compreensão mais fácil ou mais difícil, dependendo dos conhecimentos que ele possui. Explicamos também os dois processos básicos que utilizamos na leitura, *top-down* e *bottom-up*. Estas são formas usadas alternadamente durante o ato de leitura para abordar o texto, dependendo da necessidade do momento.

Vimos que, para compreender um texto, precisamos lançar mão de estratégias (ou habilidades) de leitura, como reconhecer o código linguístico utilizado, identificar as relações sintáticas e semânticas presentes na estrutura do texto, entre várias outras.

Finalmente, vimos como entender a relação que o leitor deve fazer entre o gênero do texto, os seus próprios propósitos de leitura e as estratégias que deve utilizar para atingir um grau de compreensão que satisfaça, de maneira eficaz, os objetivos traçados.

Indicações culturais

Pesquise, na internet ou na biblioteca, diferentes gêneros de texto. Tais textos podem ser usados para auxiliar algumas das Questões para Reflexão.

Procure ler artigos de revistas científicas em inglês, sempre que possível, utilizando as estratégias de leitura apresentadas neste capítulo.

Atividades de autoavaliação

1. Leia os enunciados a seguir sobre o envolvimento do leitor e os processos de leitura:

    I. Podemos chamar de *leitura* um processo de comunicação que envolve, basicamente, um escritor, uma mensagem e um leitor.
    II. O escritor quer transmitir alguma mensagem ou ideia que o leitor entenda. Este é o pressuposto do escritor.
    III. A predição ativa esquemas e nos faz relembrar de experiências e conhecimentos associados ao texto.
    IV. Os processos *top-down* e *bottom-up* são excludentes entre si.
    V. No processo *top-down*, dirigimos nossa atenção para as questões gerais do texto.
    VI. O *top-down* é um processamento descendente.
    VII. O *bottom-up* faz uso linear e indutivo das informações visuais e linguísticas.
    VIII. O *bottom-up* é um processamento descendente.

    Entre as afirmativas, são corretas:
    a. I, II, IV, V, VI.
    b. I, III, V, VI, VII.
    c. II, III, V, VII, VIII.
    d. I, III, IV, VI, VIII.

2. Marque (V) verdadeiro ou (F) falso para as afirmativas a seguir. Depois assinale a alternativa que corresponde à ordem correta das respostas:

    ( ) Estratégias podem ser definidas como procedimentos cognitivos específicos que guiam leitores a terem consciência do quão bem eles estão compreendendo enquanto tentam ler.
    ( ) Quando lemos na intenção de verificar qual a ideia geral, podemos apenas correr os olhos sobre o texto.

( ) Quando queremos encontrar alguma informação específica, temos que ler o texto detalhadamente.
( ) Podemos ler com a intenção de ter um entendimento global do texto, geralmente pelo prazer de ler.
( ) Podemos ler nas entrelinhas para encontrar informações específicas detalhadas.
( ) Reconhecimento de indicadores no discurso e distinção entre ideia principal e detalhes de apoio são estratégias de leitura.

a. F, V, F, V, F, V.
b. V, F, F, V, V, F.
c. F, V, V, F, F, V.
d. V, V, F, V, F, V.

3. Relacione as estratégias de leitura com os comentários sobre elas e marque a alternativa com a associação correta:

Estratégias:
1. Previsão
2. Skimming
3. Scanning
4. Predição
5. Inferência

Comentários:
A. Olhar rapidamente o texto para encontrar a ideia geral sobre o que ele é.
B. Identificar ideias que não estão explícitas no texto.
C. Conduzir uma rápida pesquisa do texto para identificar seu tópico, sua ideia principal e sua organização.
D. Olhar rapidamente um texto para localizar uma informação específica.
E. Antecipar o que vem a seguir.

a. 1-a; 2-b; 3-c; 4-d; 5-e.
b. 1-c; 2-a; 3-d; 4-e; 5-b.
c. 1-d; 2-e; 3-b; 4-c; 5-a.
d. 1-b; 2-c; 3-e; 4-a; 5-d.

4. Podemos afirmar que **identificação de gênero** é:

a. identificar o padrão geral de organização de um texto.
b. identificar o sujeito e o verbo principal em sentenças complexas.
c. usar o que já se sabe para entender novas ideias.
d. identificar a estrutura organizacional de um parágrafo, por exemplo, e ver se ele segue um padrão indutivo ou dedutivo.

5. Percepção de dispositivos coesivos é, entre outras coisas:

a. identificar a função das conjunções.
b. entender o uso de metáforas.
c. entender o propósito do escritor em usar diferentes recursos estilísticos, como uma série de sentenças curtas ou longas.
d. usar o contexto tanto quanto as partes de palavras para entender o significado de palavras desconhecidas.

Atividades de aprendizagem

Questões para reflexão

1. *Top-down* e *bottom-up*:

» Tente observar quando e como você utiliza os dois processos em sua leitura.
» Na próxima vez em que for ler um texto em inglês, tente usar esses processos conscientemente e tome nota das suas impressões sobre esse uso. Para isso, tente pensar em questões como: estou usando cada um dos processos no momento certo? Qual deles eu uso com mais frequência? Como eu posso tirar mais proveito do uso desses processos?

2. Reflita sobre qual estratégia seria mais adequada para você atingir com a máxima eficiência os propósitos de leitura apresentados na lista referida na atividade anterior. Tome nota se quiser retornar posteriormente para revisar ou relembrar.

Atividades aplicadas: prática

Utilizando o que você aprendeu até agora sobre a leitura e o leitor, sobre o processamento textual e a produção de sentido e sobre as estratégias de leitura, leia o texto e responda às questões a seguir:

> **dica**
> Se você quiser entender melhor e mais facilmente o texto, procure ler antes dele o artigo *Integração, exclusão e solidariedade no debate contemporâneo sobre as políticas sociais*, de Rosana Magalhães, que pode ser encontrado no *Cadernos de Saúde Pública* (vol. 17 n. 3, Rio de Janeiro, maio/jun. 2001) ou no *site* da *Scielo Brasil*: <http://<www.scielo.br/scielo.php?script=sci_arttext&pid=S0102-311X2001000300012&lng=en&nrm=iso>.

Population ageing, genders and generations

1. It is widely acknowledged that the ageing of societies involves much more than just changing demographic patterns. In particular, population ageing is a challenge for social policy, which has major implications for social security and for sociological analysis, as well as influencing the relative socio-economic position of different age cohorts*. These issues have been aired in current debates on intergenerational justice. Social security systems redistribute economic resources e.g. between men and women, the childless and parents, the employed and those who provide (unpaid) family care.

* Ver glossário.

The generational perspective, focusing on societal generations defined as birth cohorts, has highlighted the paradigm of intergenerational justice and dominated public debates. Consequently, current reforms under the conditions of societal ageing have focused on sustainability and generational equity and justice. Calls for intergenerational justice are often associated with a further privatisation of social security and a strengthening of insurance principles within social security systems reducing the previously equalizing functions of welfare state systems. This may have major effects on inequality patterns both within generations, as well as between generations. Yet intragenerational inequalities – especially between women and men – and how these are connected to intergenerational relations in the family and society, are widely ignored in public discourse and need to be researched more thoroughly (Arber & Attias-Donfut 2000).

The following three articles contribute to this debate, providing new insights into changing gender roles within the context of intergene rational relations, as well as how these link to the welfare state or social policy context, particularly in Britain and Germany.

2. Firstly, Harald Kunemund in the paper 'Changing Welfare States* and the "Sandwich Generation"–Increasing Burden for Next Generation's Men and Women?' examines intergenerational caring roles of midlife people using a three (or more) generational perspective. In particular, women in these midlife age groups are a main source of help and support within families and wider social networks. Such women, with both older parents and children (i.e. with at least two other living family generations), are often labelled as 'the sandwich generation'.

* Ver glossário.

It is mainly women of these age groups who are commonly described as experiencing competing demands from work and caring obligations for both older and younger family members. This paper demonstrates that being sandwiched between younger and older family member is a common life experience for men and women in modern societies. However, despite this structural position, there is an overestimation in popular discourse of the prevalence of undertaking concurrent activities of paid work, child and elder care, that is rejected by empirical analysis. Neither can the assumption that such complex caring situations have detrimental effects on quality of life be supported by the authors' analyses. A core focus of this paper is to examine the implications of these findings in the light of ongoing changes in demographic patterns and welfare policies.

3. Secondly, Debora Price in her paper on *'Gender and Generational Continuity:*

Breadwinners, Caregivers and Pension Provision in the UK' analyses gender roles within partnerships and welfare state policies. Analyses based on recent UK data indicate the stability of gender role patterns that – in the context of current welfare state regulations – disadvantage pension provision for mothers in comparison with women who were childless.

Continuation of this lack of redistribution between women in paid work and those who are not, e.g. those engaged in caring roles – or even the strengthening of the bonds between paid work and social security benefits – may not only increase within-group inequality over time, but may also produce robust incentives for childlessness, resulting in significant impacts on demographic trends.

4. Thirdly, Traute Meyer and Birgit Pfau-Effinger study changes in gender arrangements in the ongoing process of modernisation and in the development and re-structuring of pension schemes using a comparative perspective. Their paper *'Gender Arrangements and Pension Systems in Britain and Germany: Tracing change over five decades'* contrasts the British and German situation from an historical point of view. They argue that pension schemes are dynamic systems of stratification. They hypothesise that it is inadequate to understand the development of pension systems in the UK and in Germany as reflecting strong breadwinner models, since this connection was not supported by their analyses. Instead the authors question the role of old age security systems in establishing and maintaining the male breadwinner model in Western European welfare states.

They argue that social policy analysis should embrace a much more complex view of the interaction between gender roles and welfare state systems, including the influence of other social institutions and cultural features of the society.

5. In summary, the papers provide evidence that traditional models of the interconnection between generational relations, gender roles and welfare policies may be misleading. Patterns of gender roles in paid work and the family have remained relatively stable over time despite demographic changes and substantial modification of pension systems. Comparative research also shows increases in social inequality associated with the privatisation of old age security, but this increased inequality is not solely related to gender and social class (Motel-Klingebiel 2006). As demonstrated by these papers, it is important to examine how reforms of social security systems and social structure interact, while also taking into account cultural patterns and new forms of inequality and diversity in later life.

Fonte: Motel-Klingebiel; Arber, 2006.

1. Leia as afirmativas a seguir e marque verdadeiro (V), falso (F) ou não mencionado (N). Reescreva as informações falsas, tornando-as verdadeiras:

a. ___O envelhecimento da sociedade é só uma questão de mudança de padrão demográfico.

b. ___O envelhecimento da população é um desafio para as políticas sociais.

c. ___Este assunto já vem sendo amplamente discutido nos debates sobre justiça entre as gerações.

d. ___Este assunto vem sendo discutido em todos os seus aspectos.

e. ___Distribuir os recursos econômicos é tarefa dos sistemas de seguro social.

f. ___As atuais reformas sobre as condições sociais do envelhecimento têm focado na sustentabilidade, equidade de gerações e justiça.

g. ___As desigualdades entre gerações e a maneira como elas estão ligadas às relações entre as gerações na família e na sociedade estão sempre presentes nos discursos públicos.

h. O envelhecimento da população já foi pesquisado e já tem solução.

2. Quais são os três artigos mencionados no texto?

3. Faça uma tradução (mesmo que aproximada) dos títulos.
a.
b.
c.

4. O que cada um dos artigos da questão 2 analisa?
a.
b.
c.

5. Quem é chamado de *the sandwich generation*?

6. Com base no texto, dê duas explicações do porquê de essas pessoas serem chamadas dessa forma:

7. Qual é a consequência provável caso a falta de redistribuição de renda continue entre as mulheres que têm trabalho remunerado e as que não têm? Explique.

8. Dê as informações a seguir referentes à parte 4 do texto.

   a. A hipótese dos autores do artigo, Meyer e Pfau-Effinger, apresentada no texto:

   b. A questão levantada por esses autores em seu artigo:

   c. Os argumentos sobre o assunto que esses mesmos autores apresentam:

9. O que esses três artigos evidenciam, de acordo com Klingebiel e Arber?

10. Além de rever os padrões estabelecidos sobre o papel dos gêneros e o aumento da desigualdade social, o que é preciso levar em consideração na situação do serviço social?

Capítulo 4

Leitura e vocabulário

Nos três capítulos anteriores, vimos questões bastante teóricas sobre a leitura e sobre o leitor; sobre gêneros textuais e a produção de sentido; sobre habilidades e estratégias de leitura. Toda essa teoria nos forneceu a base para que pudéssemos entender os mecanismos teóricos e práticos que utilizamos nesse processo complexo chamado *leitura* e fez perceber como devemos nos posicionar diante dos textos com os quais nos defrontamos. Neste capítulo, bem como nos próximos dois, vamos trabalhar com questões de leitura mais práticas e pontuais. Isso não significa, no entanto, que não falaremos de teoria, porque, neste estágio de aprendizagem em que você, leitor, se encontra, quanto melhor entender o processo lógico dessas questões específicas da aprendizagem, como essas questões se relacionam e o que pode e deve ser feito para acelerar ou melhorar o aprendizado, tanto melhor será seu desempenho na leitura em inglês.

Sendo assim, começaremos esta nova etapa do nosso livro tratando da questão do vocabulário, que geralmente é considerado um dos principais responsáveis pela dificuldade de entendimento dos textos pelos estudantes de leitura em inglês, mas, como veremos a seguir, não sem razão, não apenas pelos aprendizes de inglês. Vários profissionais da área, embora talvez considerando o assunto sob diferentes perspectivas, também partilham dessa opinião.

4.1 Vocábulo e sentido

De acordo com trabalhos de pesquisa realizados e publicados pelo Pacific Resources for Education and Learning (PREL) em 2004, estudiosos da área, tais como Anderson e Freebody (1981), Becker

(1977) e Davis (1942), entre outros, consideram que uma das conclusões mais definitivas na pesquisa sobre leitura é a relação que existe entre o conhecimento do vocabulário e a compreensão de leitura (ver Questões para Reflexão, exercício 1).

Uma das definições mais amplas que se pode dar de conhecimento de vocabulário é: conhecimento de palavras e de seus respectivos significados. Essa definição, entretanto, não satisfaz aos nossos propósitos por ser ampla e generalizante demais. Precisamos de mais detalhes, de definições mais específicas. Precisamos saber, por exemplo, que, quando falamos em vocabulário, podemos nos referir tanto à forma oral (que usamos para falar e para ouvir), quanto à impressa (que usamos para escrever e para ler), e que, dentro dessas duas formas, esse vocabulário pode ser denominado *receptivo* (na audição e na leitura) ou *produtivo* (na fala e na escrita). Outra informação que nos interessa é o fato de que, geralmente, o vocabulário receptivo é maior que o produtivo (em qualquer língua), o que significa, na prática, que, em relação ao conhecimento de vocabulário, é mais fácil, no nosso caso, aprender a ler do que aprender a escrever em inglês, pois o domínio do vocabulário que temos para a leitura é maior do que o que temos para a escrita. Isso parece lógico, porque não consideramos a possibilidade de um escritor utilizar em seu texto algum termo do qual não tenha conhecimento do significado exato, ou teríamos que admitir que esse escritor não tem consciência da mensagem que está transmitindo; em outras palavras, ele não sabe o que está dizendo.

Abriremos um parêntese aqui para fazer um comentário que deveria ser considerado não só por leitores, mas principalmente por escritores: sabemos que a situação anterior é possível e mesmo comum, infelizmente. Se o escritor não tiver domínio total daquilo que escreve, ou não cuidar para evitar possíveis ambiguidades e mal-entendidos, ele provavelmente levará o leitor ao erro de interpretação. Isso explica em parte a dificuldade que, às vezes, mesmo leitores proficientes encontram em compreender certos textos, apresentando entendimento equivocado da informação ou da ideia, ou não conseguindo chegar a uma conclusão do assunto exposto. No entanto, quando o escritor tem domínio do que está dizendo e cuida para fazê-lo de forma inequívoca, o desconhecimento do significado exato do termo para o leitor não se apresenta tão problemático, pois a prática demonstra que é perfeitamente admissível, na leitura, podermos entender a mensagem transmitida, sem que tenhamos conhecimento do significado exato de alguma(s) palavra(s). Podemos inferir e compreender o significado geral ou aproximado do termo, ou ainda relacionar o significado desconhecido com o de algum sinônimo conhecido, por exemplo. Fechamos aqui o parêntese.

Bem, considerando o que foi dito até agora, dentro dos propósitos que traçamos para este estudo, podemos deduzir, então, que a compreensão da leitura vai depender da extensão do vocabulário do estudante de inglês, além da habilidade de usar as estratégias necessárias para estabelecer os significados das palavras novas, quando as encontrar.

Mas, se ter conhecimento de vocabulário vai além de conhecer uma palavra e seus significados, então, o que tanto precisamos saber a esse respeito? Vamos voltar à questão do que significa *conhecer* uma palavra. Estabelecer o que isso significa não é uma tarefa fácil e precisaríamos, talvez, de mais de um capítulo. Mas, como nossa intenção não é saber tudo sobre conhecimento de vocabulário, alguns conceitos importantes nos bastarão neste momento.

É importante saber reconhecer uma palavra quando a encontramos em um texto; isto é, reconhecer, por exemplo, que a palavra *matter* pertence ao léxico da língua inglesa e que *xratzes* não pertence é o primeiro passo. Saber que a palavra *matter* significa "assunto", "questão", ou "ter importância" etc. é o segundo passo. Mas apenas saber os significados dicionarizados desse termo não garante a compreensão dele nos vários e diferentes contextos em que ele pode aparecer. Segundo Lehr, Osborn e Hiebert (2004, p. 10),

Nagy e Scott (2000) identificam várias dimensões que descrevem a complexidade do que significa saber uma palavra. Primeiro, conhecimento de palavra é incremental, o que significa que leitores precisam ter muitas exposições a uma palavra em diferentes contextos antes que ele a "conheça". Segundo, conhecimento de palavra é multidimensional.

Isso porque muitas palavras têm múltiplos significados (e.g., sage: pessoa muito sábia; uma planta) e cumprem diferentes funções em diferentes sentenças, textos, e mesmo conversas. Terceiro, conhecimento de palavra é inter-relacionado no sentido de que conhecimento de uma palavra (e.g., urbano) conecta ao conhecimento de outras palavras (e.g., suburbano, morador da cidade, civil)*. (Tradução da autora)

Podemos dizer que conhecer uma palavra é muito mais uma questão de graduação de conhecimento do que de simplesmente dizer sim ou não, isto é, conhecer ou não conhecer. O grau de conhecimento se reflete na precisão com a qual nós rapidamente entendemos uma palavra em diferentes contextos. Além disso, conhecer uma palavra implica também conseguir relacionar uma palavra a outras, cujos sentidos façam parte do que podemos chamar de *esquema de palavras*, ou simplesmente *esquema*. Estes são redes de conhecimento relacionadas a uma palavra, que envolvem conhecimentos semânticos e conexões entre o significado da palavra e a sua raiz ou suas derivadas, ou ainda a outras palavras cuja raiz é a mesma.

Finalmente, podemos dizer que conhecer uma palavra implica ser capaz de compreender suas conotações e sutilezas de significado, pois é esse tipo de compreensão que nos permite entender expressões idiomáticas, piadas, gírias etc.

4.2 Vocabulário difícil e/ou desconhecido

O vocabulário é difícil porque é desconhecido ou é desconhecido porque é difícil? Depende! Pode ser um ou outro, ou ambos! Como

---

* O termo *sage* não foi traduzido propositalmente, por não haver um termo único em português que estabeleça uma correspondência exata abrangendo os mesmos significados do inglês. Além disso, a tradução dos termos entre parênteses foi limitada a um termo cada palavra, em função de ser uma citação. Para melhor compreensão dos termos, o leitor pode pesquisar os outros significados, apresentados a seguir conforme a ordem em que aparecem na citação: *e.g., sage: a wise person; an herb; e.g., urban, e.g., suburban, urbanite, urbane*.

assim!? Bem, uma palavra pode ser difícil de se entender pelo simples fato de ser desconhecida; e quando "nos apresentamos" a ela, ela se torna fácil. Mas, às vezes, conhecemos uma palavra e mesmo assim não conseguimos entender muito bem o que ela significa porque seu significado é complexo, os conceitos que ela traz implícitos são difíceis de entender. Nesse caso, precisamos entender primeiro todos esses conceitos para, então, conseguir eliminar a dificuldade da palavra. E ainda podemos nos defrontar com as duas situações ao mesmo tempo. Mas isso não é motivo para desânimo ou desespero!

Vamos começar a pensar no problema do vocabulário difícil, considerando que mesmo na LM não temos conhecimento preciso de 100% do vocabulário que encontramos em um texto acadêmico. Dificilmente algum de nós poderá afirmar, com total segurança, que conhece todos os significados de cada uma das palavras de um texto em português. Nós geralmente podemos dizer que conhecemos o significado da maioria das palavras, naquele contexto, quando o assunto nos é familiar. Isso não nos impede de afirmar, com certeza, que compreendemos o texto, porque o que comumente acontece é que sabemos o significado aproximado de alguns dos termos que encontramos e isso, muitas vezes, já é o suficiente para compreendermos o sentido do texto todo. Em LE, isso não é diferente; nesse caso, em especial, não temos como conhecer detalhadamente 100% do vocabulário que encontramos. Isso é um fato, a não ser que sejamos algum gênio em conhecimento de línguas, com uma capacidade de armazenamento e recuperação de informação semelhante à de um computador de última geração. Isso significa dizer que todo texto deve ter um certo número de palavras desconhecidas, que poderão, ou não, ser de difícil compreensão.

Nuttall (2000) apresenta alguns tipos de itens lexicais que geralmente representam fontes de dificuldades para leitores de LE, no nosso caso, inglês. Vejamos quais são eles.

4.2.1 **Expressões idiomáticas**

Expressões idiomáticas são itens lexicais compostos de várias palavras, que juntas têm um significado particular e, por isso, não se pode entender seu significado por meio do significado de cada palavra em separado. O problema maior não é quando encontramos expressões como *Big deal!*, porque logo aprendemos que essa é uma expressão idiomática informal, equivalente à expressão idiomática do português *Grande coisa!*, normalmente usada quando queremos demonstrar que não estamos impressionados com algo. Segundo Nuttall (2000), o problema mesmo é quando encontramos expressões que são pequenas frases, formadas por palavras conhecidas, e cujo significado parece não se encaixar no contexto.

Vamos ver alguns exemplos disso.

» *When my brother tells his stories he **drives me crazy!*** (Quando meu irmão conta suas histórias, ele **me deixa maluca!**).
» *Why is he **given me the cold shoulder!?*** (Por que ele está me **dando uma gelada!?**).
» *What I did yesterday is **none of your business!*** (**Não é da sua conta** o que eu fiz ontem!).
» *I knew she would **let the cat out of the bag!*** (Eu sabia que ela ia **deixar escapar o segredo**).

Se tentássemos traduzir as frases com o sentido usual das palavras, elas perderiam todo o sentido e teríamos algo absurdo, como: "Quando meu irmão conta suas histórias, ele **me dirige louco!**", ou coisa parecida.

4.2.2 Palavras com múltiplos significados

Palavras de múltiplos significados são geralmente problemáticas porque exigem que o leitor esteja consciente de que existem muitas possibilidades e que faça a escolha certa para cada contexto. São palavras como: *area; random; face; comfort(able)*, entre inúmeras outras.

4.2.3 Vocabulário subtécnico

Quando trabalhamos com áreas técnicas, percebemos que é muito comum o emprego de uma palavra com algum sentido específico, diferente do sentido usual, e que só é utilizado por aqueles que conhecem e atuam naquela área e, consequentemente, dominam o uso daquele jargão. Esses termos, ou jargões, podem ser um problema para quem não está familiarizado com eles, mas o que causa mais dificuldade é o que Nuttall (2000) chama de *vocabulário subtécnico*, ou *semitécnico*, que são aquelas palavras comuns a várias disciplinas e que, em cada uma, podem assumir significados ligeiramente ou muito diferentes. Por exemplo: *average, approximate, effect, combination*.

4.2.4 Hiperônimos

Hiperônimos são aquelas palavras utilizadas para generalizar algum grupo de palavras mais específicas, como:
» *Transportation* = *car, bike, plain, train* etc.
» *Illness* = *flu, Chicken pox, measles* etc.
» *Woman* = *Claire, Marie, Cindy* etc.

As principais dificuldades acontecem quando o leitor não reconhece que o hiperônimo e o respectivo hipônimo estão se referindo à mesma coisa/pessoa: *Mr. Clark entered the office very slowly. My boss looked very tired that morning!*

Ou, então, quando hiperônimo e hipônimo são de classes gramaticais diferentes: *There were colorful roses everywhere in the room. It was really floral.*

Ou, ainda, quando o hiperônimo personifica um julgamento: *There was a birthday party yesterday in my neighbor's house. That noise lasted the whole night long!*

4.2.5 Transferência de significado

A transferência de significado acontece quando usamos uma palavra que originalmente não pertence àquela área para modificar o significado de outra palavra. No meio financeiro, por exemplo, é bastante comum a expressão *galloping inflation* (inflação galopante) para dizer que a inflação está aumentando significativa e rapidamente, como o avanço de um cavalo a galope. Isso pode ser considerado um problema em potencial para a compreensão, especialmente quando, diferente do exemplo acima, não é possível fazer a equivalência, ou correlação de significados com a expressão ou termo empregado na LM.

4.2.6 Ironia

A ironia é mais um problema de pragmática do que de léxico propriamente dito. A dificuldade, na maioria das vezes, não está nas palavras, mas na maneira como o autor utilizou as palavras. O problema é identificar quais são as intenções que o autor deixou subentendidas. Às vezes, só conseguimos perceber a ironia se olharmos para o texto como um todo; às vezes, a ironia é colocada em uma única palavra e às vezes ela está posta fora do texto em conhecimentos de mundo e acontecimentos partilhados por quem está inserido no ou conhece o contexto referido pelo autor. Segundo Nuttall (2000), a ironia é um dos usos mais difíceis da linguagem. Para os leitores de LE, isso é especialmente verdadeiro.

4.2.7 Outros

Esses itens lexicais selecionados por Nuttall não esgotam a lista de problemas possíveis, mas representam os principais. Além deles, queremos citar mais dois, que estão relacionados mais especificamente a problemas de interpretação de coesão lexical. São palavras de referência que estruturam o texto, que Nuttall (2000) chama de *text-structuring words*, e palavras que descrevem alguma coisa com exatidão, que ela chama de *pin-down words*.

As primeiras possuem, muitas vezes, significados variáveis de acordo com o contexto. Isso faz com que o leitor tenha que preencher esse significado com alguma outra informação, que pode estar em qualquer lugar do texto. Por exemplo: *This **issue** cannot be solved by using only these **methods**.*

As palavras *issue* e *methods* não podem ser entendidas por si sós, apesar de terem significados próprios. Elas estão, nesse caso, referindo-se a coisas específicas, que devem ser retomadas em algum lugar do texto.

As segundas podem se referir a nominalizações como *implementation* ou *recommendation*, a palavras abstratas como *approach*, ou outros itens lexicais que precisam ser definidos com exatidão em determinados contextos para que o texto possa ser realmente entendido. Por exemplo: *We will definitely need to use **analytic tools**.* Podemos, sem muita dificuldade, traduzir os termos em negrito e obter algo como "ferramentas de análise" ou "ferramentas analíticas". Mas, ainda precisamos saber: Análise de quê? Que tipo de análise? Quais são as ferramentas utilizadas para o propósito em questão? Como elas são usadas? Todas essas são questões que, se não forem respondidas, poderão acarretar má interpretação do texto.

Até agora, apenas apresentamos possíveis fontes de problemas para que o leitor pudesse estar ciente das dificuldades que podem ser encontradas e para que tivesse meios de identificá-las. Vamos, então, conhecer algumas formas de lidar com esses problemas.

4.3 Estratégias para lidar com vocabulário

Vamos começar com a má notícia: não existem estratégias que funcionem 100% das vezes, em 100% dos casos e resolvam o problema completamente, instantaneamente. A boa notícia, no entanto, é que sempre podemos encontrar uma saída e que existem algumas estratégias que podemos usar para nos ajudar a encontrar o significado das palavras que não conhecemos ou que são de difícil entendimento. E essas estratégias nos ajudam mesmo, se soubermos como e quando usá-las.

Vamos listar algumas, sem, no entanto, pretender esgotar as possibilidades. Caberá a você, leitor, descobrir futuramente outra(s) estratégia(s) que possa(m) ajudá-lo.

» **Usar o dicionário**: estratégia um tanto óbvia? Nem tanto, considerando que um grande número dos aprendizes de inglês, quando consulta um dicionário, se limita a olhar apenas uma ou algumas das definições apresentadas. Dizer que é preciso saber usar o dicionário parece ultrajante, concorda? Mas não é bem assim. Você já parou para pensar em como você aprendeu a usar o dicionário? Então vamos lá! (ver Questões para Reflexão, exercício 2).

» **Identificar e usar as dicas do contexto**: dicas de contexto podem ser definições, exemplos, paráfrases, figuras, gráficos, características tipográficas etc. Essa estratégia é especialmente útil quando não temos, por qualquer motivo que seja, acesso a essa informação no dicionário. Nesse caso, é importante ser capaz de inferir o significado da palavra por meio das informações linguísticas e/ou não linguísticas.

Vamos ver como poderíamos encontrar o significado da palavra em negrito na sentença a seguir.

> *Then the poor lady was very sick and died. Her daughter was full of great* **grief** *at the loss of a mother so good and kind.*

Vamos imaginar que estamos lendo uma história, não estamos com um dicionário por perto e nos deparamos com uma palavra desconhecida: *grief*. Primeiro, vamos entender o que está acontecendo na história; qual é o contexto em que o termo desconhecido está inserido. A primeira sentença nos fala de uma mulher que morreu em consequência de uma doença. Até aqui tudo bem; entendemos o que está acontecendo. Bem, continuando, a filha dessa mulher estava cheia de (*full of*) alguma coisa por ter perdido a mãe, que era uma pessoa muito boa. Tudo bem, mas como vamos, então, saber o que significa a palavra? A primeira coisa é tentar estabelecer algumas possibilidades por meio de um raciocínio lógico:

1. Ante a morte de alguém que conhecemos, é natural que se manifeste em nós algum tipo de sentimento como dor, medo, raiva, alegria, prazer, tristeza, enfim, o sentimento vai depender da relação que tínhamos com a pessoa.
2. Uma filha que perde uma mãe, de quem ela gosta, não manifestaria sentimentos positivos; podemos eliminar, então, todos eles, ficando apenas com os sentimentos negativos.
3. Como não temos a continuação da história, não temos como saber com mais precisão que tipo de sentimento é esse, mas podemos compreender que essa filha podia estar cheia de: dor, medo, raiva, tristeza, pesar, sofrimento, ódio, entre outros.
4. Finalmente, considerando que estamos lendo uma história, como imaginamos no início dessa análise, sabemos que a sentença é parte da história, nesse caso, da *Cinderela*, e que a filha

a que a sentença se refere é a própria Cinderela. Podemos descartar também sentimentos como ódio, raiva, revolta etc., que certamente não condizem com as características da personagem. Se isso não pudesse ser feito nesse momento, por se tratar de uma história desconhecida, ainda assim poderíamos lançar mão de mais um recurso para chegarmos a um significado um pouco mais preciso.

5. Se soubermos a tradução de algumas dessas palavras em inglês, podemos delimitar mais as nossas possibilidades. Podemos fazer isso também procurando no dicionário essas palavras na tentativa de fazer alguma correlação, ou eliminar algumas palavras da nossa lista de possibilidades (usando esse último recurso, não estamos usando o contexto diretamente, mas estamos partindo do uso do contexto para selecionar opções possíveis e plausíveis para o significado da palavra que desconhecemos).

» **Usar partes da palavra (morfologia)**: morfema, como sabemos, é o nome que se dá às partes significativas da palavra. São especialmente as raízes, os prefixos e os sufixos, que podem nos ajudar a identificar o significado das palavras, quando nem o dicionário, nem o contexto puderem nos ajudar. Embora leitores proficientes lancem mão desse recurso, muitas vezes antes de usar outros, o uso dele depende da necessidade de precisão do significado.

De acordo com Lehr, Osborn, Hiebert (2004, p. 28, tradução nossa), "estima-se que mais de 60 por cento das novas palavras que leitores encontram têm estrutura morfológica facilmente identificável – isto é, elas podem ser quebradas em partes (Nagy; Anderson; Schommer; Scott; Stallman, 1989)." (Tradução da autora).

Para entender melhor como usar a morfologia na leitura, vamos direto aos exemplos.

› *Unfortunately*: se encontramos essa palavra e não sabemos seu significado, mas percebemos que ela é uma palavra derivada, podemos, então, tentar separá-la em partes para encontrar a raiz e, a partir daí, tentar entender seu significado. Nesse caso, podemos identificar a existência de prefixo e sufixo, e temos que: *un-* é um prefixo que indica ausência de alguma coisa; *-ly* é um sufixo que forma advérbios; *fortunate* é um adjetivo qualificativo que é relativo ao substantivo *fortune*, que, por sua vez, pode significar "fortuna", "riqueza", ou "chance", "sorte", "destino". Sendo assim, o adjetivo pode significar: "rico", "afortunado", "sortudo". Juntando o prefixo, formamos o antônimo do adjetivo, pois ele expressa a ausência de fortuna, isto é, quem/o que não é afortunado é desafortunado. Quando finalmente juntamos a última parte, o sufixo *-ly*, formamos um advérbio que expressa a maneira como alguma pessoa/alguma coisa desafortunada é ou acontece: *desafortunadamente*, que, por parecer uma palavra um tanto formal e não tão usada, podemos substituir pelo sinônimo *infelizmente*, que também é uma das traduções de *unfortunately* encontrada nos dicionários.

» **Reconhecer e usar (falsos) cognatos**: os chamados *cognatos* são aquelas palavras que encontramos em duas línguas diferentes e que têm a mesma origem. A grafia delas é semelhante e o significado também. Por exemplo: *vocabulary, important, primitive, insect* etc. Esse tipo de palavra é especialmente comum no meio acadêmico, principalmente científico, devido à nomenclatura usual ter raiz grega ou latina. Portanto, ter consciência da existência delas é bem útil.

Mas é preciso tomar cuidado com os falsos cognatos, que são aquelas palavras que têm uma ortografia semelhante a alguma outra do português e geralmente têm uma mesma origem e, por isso, parecem ter o mesmo significado. Parecem, mas não têm! São palavras como: *actually* (na verdade); *collar* (gola, colarinho); *costume* (fantasia), *fabric* (tecido), *prejudice* (preconceito), *parents* (pais), *pretend* (fingir), e muitas outras.

Infelizmente, não há uma regra, uma estratégia que se possa seguir para garantir que vamos saber reconhecer e diferenciar um cognato de um falso cognato. Só a experiência de leitura e a familiaridade com palavras é que vai garantir isso, ao longo do tempo.

» **Usar a estrutura da sentença (sintaxe)**: usar a estrutura da sentença é outro recurso para encontrar o significado, mesmo

que aproximado, de uma palavra. Primeiro, precisamos lembrar algumas questões estruturais básicas do inglês, como:
» Quase todas as sentenças do inglês contêm um sujeito e um verbo, e o verbo não precisa necessariamente ser seguido por um objeto. Nesse caso, o verbo é chamado de *intransitive*. Exemplos: *Birds fly; Babies cry; The Sun rises.*
» Mas os verbos, às vezes, precisam de um objeto, assim como acontece no português. Esses verbos são chamados *transitive verbs*. Exemplos: *The student needs a pencil; We enjoyed the party; Joan found the keys.*
» As sentenças em inglês possuem um importante elemento, que é chamado de *prepositional phrase* (frase preposicionada) e que consiste de uma preposição e um objeto, que pode ser um substantivo ou pronome. Exemplos: *The students went to the zoo; We enjoyed the party at Amie's house; Laura walked to school yesterday.*
» Os adjetivos são usados para modificar os substantivos. A ordem dos adjetivos nas sentenças do inglês é a inversa da do português e eles não têm singular ou plural. Exemplos: *Stuart is an intelligent student; George asked me an easy question; Frank opened the heavy door.*
» Os advérbios são usados para modificar os verbos ou os adjetivos, para expressar tempo ou frequência. Exemplos: *Carl walks quickly; She is extremely happy; I think Sally will come tomorrow; she always comes on time.*

Ter consciência da estrutura das sentenças do inglês pode ajudar a reconhecer a que classe gramatical a palavra desconhecida pertence. Isso também facilita a delimitação de significados possíveis e ajuda a evitar falhas de compreensão, resultantes de problemas estruturais, como os relacionados ao posicionamento dos adjetivos, por exemplo. Por isso, ao encontrar uma sentença que nos parece difícil de entender, podemos começar identificando de que tipos de palavras ela se constitui.

Vejamos: *The extraordinary jewelers carved extremely beautiful ornaments from jade*. Para entender essa sentença, precisamos

primeiramente identificar os elementos que a compõem. Sendo assim, podemos formular as seguintes questões:
1. Onde está o verbo?
2. Qual é o sujeito desse verbo?
3. Esse verbo pede complemento? Se sim, qual é ele?
4. Qual a função das outras palavras na sentença?

E agora vamos tentar respondê-las:

1. Palavras terminadas em *-ed* são sérias candidatas a ser classificadas como verbos. Portanto, podemos assumir que *carved* é o verbo da sentença.
2. Como sabemos que, em se tratando de sintaxe, a ordem natural* das sentenças em inglês é SVO (sujeito – verbo – objeto), sabemos, então, que o sujeito deve ser *The extraordinary jewelers*.
3. Para responder a essa questão, precisamos saber o significado do verbo. Consultando o dicionário, descobrimos que *carved* é mesmo um verbo, que está no tempo passado e que significa "entalhar" ou "esculpir". Bem, se o sujeito esculpiu ou entalhou, ele esculpiu ou entalhou *alguma coisa*. Essa *alguma coisa* é o complemento do verbo. Portanto, o que está depois do verbo é seu complemento, isto é, seu objeto.
4. Examinando um pouco mais a função de cada palavra na sentença, podemos:
    a. Identificar os substantivos da sentença. Se olharmos para todas as palavras, veremos que a terminação delas varia, algumas terminando em *y*, outras em *s*, que são terminações bem recorrentes e características de alguns grupos de palavras. A terminação em *s*, por exemplo, sugere que as palavras *jewelers* e *ornments* são substantivos no plural.
    b. Perceber que a palavra *extraordinary*, que está no grupo de palavras à esquerda do verbo, parece estar modificando *jewelers*, que é um substantivo e, portanto, provavelmente ela é um adjetivo.

---

* Dizer que a ordem natural das sentenças é SVO não significa dizer que essa é a única ordem possível.

c. Ver que no grupo à direita do verbo temos várias palavras. A primeira é *extremely*. Como sabemos que a terminação *-ly* é característica de advérbios, mesmo sem saber o seu significado, poderíamos perceber que ele está ali para modificar o termo que o segue, ou seja, *beautiful*, que é um adjetivo bastante conhecido. Se ele é um adjetivo, então ainda temos que encontrar um substantivo, que seja o objeto do nosso verbo: *ornments*.

» **Ignorar a palavra desconhecida**: uma última estratégia que queremos apresentar talvez não possa, ou não deva, ser chamada propriamente de *estratégia*. Digamos que é muito mais uma dica. Quando estamos lendo um texto, na maioria das vezes, não precisamos entender tudo detalhadamente. Sendo assim, não só podemos como devemos usar nosso bom senso para decidir quando é preciso saber alguma coisa com exatidão e quando podemos nos contentar com uma ideia geral daquilo que estamos lendo.

No primeiro caso, podemos utilizar as estratégias citadas ou alguma outra de nosso conhecimento. No segundo caso, podemos tentar deduzir o significado aproximado da palavra, nos contentar com ele e seguir adiante; ou podemos simplesmente ignorar a palavra quando percebemos que ela não vai prejudicar a compreensão daquilo que de fato nos interessa.

Só precisamos ter cuidado para não ignorar palavras demais, ou aquelas que são recorrentes no texto, porque, nesse caso, devem ser relevantes para a compreensão. Enfim, precisamos ter consciência de que não temos que abrir o dicionário toda vez que encontramos uma palavra desconhecida, de que podemos ignorar algumas delas. Com prática e bom senso, você aprenderá a distinguir umas das outras, de acordo com seus propósitos de leitura.

Síntese

Neste capítulo, trabalhamos com a questão do vocabulário. Vimos o quanto ele é importante na compreensão dos textos que lemos. Quanto maior for o nosso vocabulário, mais fácil será nossa leitura e melhor a nossa compreensão.

Vimos também quando e por que podemos chamar um vocabulário desconhecido de *difícil*, e o que faz com que uma palavra, que muitas vezes conhecemos, não faça sentido naquele contexto. Apresentamos, finalmente, algumas estratégias de como lidar com as palavras que não conhecemos, ou que são difíceis de entender. Isto é, ideias que podem ser usadas em diferentes situações para ajudar a facilitar o trabalho de compreensão de texto em inglês.

Indicações culturais

Existem várias formas de se conscientizar sobre a importância e o funcionamento das palavras na compreensão do que lemos. Eu gostaria de mostrar ao meu leitor algumas delas e para isso, caro amigo, indico a você:

Livros

Alice's Adventures in Wonderland (há várias edições): a leitura do original de *Alice no País das Maravilhas*, de Lewis Carroll, nos dá a dimensão da importância do conhecimento das palavras para o entendimento de neologismos e das sutilizas de significado.

Podem ser encontradas em diferentes *sites* da internet, em que o vocabulário, embora bastante comum, é explorado em especial para fazer trocadilhos e piadas por meio das suas diferentes conotações.

Filmes

SPANGLISH. Direção: James L. Brooks. Produção: Julie Ansell, James L. Brooks e Richard Sakai. EUA: Columbia Pictures/Sony Pictures Corporation, 2004. 111 min.

BABEL. Direção: Alejandro González Iñárritu. Produção: Steve Golin, Alejandro González Iñárritu e Jon Kilik. EUA: Paramount Vantage, 2006. 142 min.

Esses filmes, embora não falem da relação entre o vocabulário e a leitura propriamente dita, abordam diferentes questões que estão relacionadas ao conhecimento (ou à falta dele) de vocabulário em uma Língua Estrangeira.

Atividades de autoavaliação

1. Leia as afirmativas a seguir e marque V (verdadeiro) ou F (falso):

    ( ) Conhecer vocabulário significa exatamente conhecer as palavras e o saber o que cada uma delas significa.
    ( ) Na leitura também produzimos vocabulário.
    ( ) O vocabulário usado na escrita nem sempre é o mesmo que aquele usado na leitura.
    ( ) Só existem duas possibilidades de conhecimento de palavras: ou conhecemos ou não conhecemos.
    ( ) Existem diferentes graus de conhecimento de palavras.
    ( ) Podemos dizer que esquemas são redes de conhecimento de palavras.
    ( ) Duas palavras que derivam de uma mesma raiz podem fazer parte de um mesmo esquema, embora não signifiquem a mesma coisa.

    Marque a alternativa que corresponde à ordem correta das respostas:
    a. V, V, V, F, V, F, F.
    b. F, F, V, F, V, V, V.
    c. F, V, F, F, V, F, F.
    d. F, F, V, V, F, F, V.

2. Marque a alternativa correta em relação às opções a seguir:

    O vocabulário pode ser:
    I. oral/receptivo e impresso/produtivo.
    II. oral/receptivo e impresso/receptivo.
    III. oral/produtivo e impresso/receptivo.
    IV. oral/produtivo e impresso/produtivo.

    a. Só a alternativa IV está correta.
    b. Estão corretas apenas as alternativas II e IV.

c. Estão corretas apenas as alternativas I e III.
d. Todas as alternativas estão corretas.

3. Relacione a coluna da esquerda com a da direita e marque a alternativa certa:

1. Expressão idiomática
2. Palavra com múltiplos significados
3. Vocabulário subtécnico
4. Hiperônimo
5. Transferência de significado
6. Text-structuring words
7. Pin-down words

A. *This phenomena is...*
B. *Building* - cinema
C. *...the general validity of this term...*
D. *Fringe benefits*
E. *To make a move on someone*
F. *Way*
G. *Arrangement*

a. 1-E, 2-F, 3-G, 4-B, 5-D, 6-A, 7-C.
b. 1-A, 2-C, 3-E, 4-F, 5-E, 6-G, 7-D.
c. 1-F, 2-A, 3-B, 4-G, 5-C, 6-D, 7-E.
d. 1-B, 2-D, 3-A, 4-C, 5-G, 6-E, 7-F.

4. Complete a sentença com uma das alternativas a seguir:

Quando você descobre o significado de uma palavra por meio de um exemplo ou de uma figura, você está usando _____.

a. dicas de contexto.
b. morfologia.
c. cognatos.
d. sintaxe.

5. Assim como o último exercício, complete a sentença com uma das alternativas a seguir:

Para entender o que significa uma palavra com afixos, você pode usar _____.

a. dicas de contexto.
b. morfologia.
c. cognatos.
d. sintaxe.

Atividades de aprendizagem

Questões para reflexão

1. Existem inúmeras formas de se fazer uma classificação qualquer, mas elas não nos importam neste momento. Por isso, sem entrar no mérito do que exatamente significa a nomenclatura a seguir, pense em como você classificaria seu conhecimento de vocabulário em inglês.

( ) Nulo
( ) Insuficiente
( ) Razoável
( ) Bom
( ) Ótimo
( ) Excelente

E agora responda: Se fosse possível quantificar, em termos de porcentagem, o quanto esse conhecimento, na sua opinião, influencia na compreensão dos textos que você lê, qual seria o resultado dessa quantificação?

2. Reflita por um instante e responda, para você mesmo, às questões a seguir:

a. Quando você aprendeu a usar o dicionário (qualquer um)? Você lembra?
b. Quem ensinou você?
c. O que você aprendeu sobre dicionários?
d. Existe diferença entre as marcas de dicionários? Sim/Não/Qual?
e. Que tipo de informação é possível encontrar em um dicionário de inglês?

f. Como você escolhe um dicionário para comprar?
g. É importante ter um dicionário monolíngue de inglês, ou um bilíngue é o suficiente? Em que situação?
h. Quando você procura uma palavra no dicionário, qual é o seu procedimento? Você saberia descrevê-lo passo a passo?
i. Qual a porcentagem de sucesso que você obtém, em média, quando consulta o dicionário (deixando de lado aquelas situações em que a palavra simplesmente não consta nele)?
j. Depois de responder a todas essas perguntas, você acredita que pode afirmar que sabe tirar o máximo proveito possível do seu dicionário?

Atividades aplicadas: prática

Leia o texto a seguir e responda às questões:

20,000 Leagues Under the Sea
Jules Verne

Chapter I
A Shifting Reef

The year 1866 was signalised by a remarkable incident, a mysterious and puzzling phenomenon, which doubtless no one has yet forgotten.

Not to mention rumours which agitated the maritime population and excited the public mind, even in the interior of continents, seafaring men were particularly excited. Merchants, common sailors, captains of vessels, skippers, both of Europe and America, naval officers of all countries, and the Governments of several States on the two continents, were deeply interested in the matter. For some time past vessels had been met by "an enormous thing, "a long object, spindle-shaped, occasionally phosphorescent, and infinitely larger and more rapid in its movements than a whale.

The facts relating to this apparition (entered in various log-books) agreed in most respects as to the shape of the object or creature in question, the untiring rapidity of its movements, its surprising power of locomotion, and the peculiar life with which it seemed endowed. If it was a whale, it surpassed in size all those hitherto classified in science.

Taking into consideration the mean of observations made at divers times – rejecting the timid estimate of those who assigned to this object a length of two hundred feet, equally with the exaggerated opinions which set it down as a mile in width and three in length – we might fairly conclude that this mysterious being surpassed greatly all dimensions admitted by the learned ones of the day, if it existed at all.

And that it DID exist was an undeniable fact; and, with that tendency which disposes the human mind in favour of the marvellous, we can understand the excitement produced in the entire world by this supernatural apparition.

As to classing it in the list of fables, the idea was out of the question.

On the 20th of July, 1866, the steamer Governor Higginson, of the Calcutta and Burnach Steam Navigation Company, had met this moving mass five miles off the east coast of Australia.

Captain Baker thought at first that he was in the presence of an unknown sandbank; he even prepared to determine its exact position when two columns of water, projected by the mysterious object, shot with a hissing noise a hundred and fifty feet up into the air.

Now, unless the sandbank had been submitted to the intermittent eruption of a geyser, the Governor Higginson had to do neither more nor less than with an aquatic mammal, unknown till then, which threw up from its blow-holes columns of water mixed with air and vapour.

Similar facts were observed on the 23rd of July in the same year, in the Pacific Ocean, by the Columbus, of the West India and Pacific Steam Navigation Company. But this extraordinary creature could transport itself from one place to another with surprising velocity; as, in an interval of three days, the Governor Higginson and the Columbus had observed it at two different points of the chart, separated by a distance of more than seven hundred nautical leagues.

Fifteen days later, two thousand miles farther off, the Helvetia, of the Compagnie-Nationale, and the Shannon, of the Royal Mail Steamship Company, sailing to windward in that portion of the Atlantic lying between the United States and Europe, respectively signalled the monster to each other in 42° 15' N. lat. and 60° 35' W. long. In these simultaneous observations they thought themselves justified in estimating the minimum length of the mammal at more than three hundred and fifty feet, as the Shannon and Helvetia were of smaller dimensions than it, though they measured three hundred feet over all.

Now the largest whales, those which frequent those parts of the sea round the Aleutian, Kulammak, and Umgullich islands, have never exceeded the length of sixty yards, if they attain that.

In every place of great resort the monster was the fashion.

They sang of it in the cafes, ridiculed it in the papers, and represented it on the stage. All kinds of stories were circulated regarding it.

There appeared in the papers caricatures of every gigantic and imaginary creature, from the white whale, the terrible "Moby Dick" of sub-arctic regions, to the immense kraken, whose tentacles could entangle a ship of five hundred tons and hurry it into the abyss of the ocean.

The legends of ancient times were even revived.

Then burst forth the unending argument between the believers and the unbelievers in the societies of the wise and the scientific journals. "The question of the monster" inflamed all minds. Editors of scientific journals, quarrelling with believers in the supernatural, spilled seas of ink during this memorable campaign, some even drawing blood; for from the sea-serpent they came to direct personalities.

During the first months of the year 1867 the question seemed buried, never to revive, when new facts were brought before the public.

It was then no longer a scientific problem to be solved, but a real danger seriously to be avoided. The question took quite another shape.

The monster became a small island, a rock, a reef, but a reef of indefinite and shifting proportions.

On the 5th of March, 1867, the Moravian, of the Montreal Ocean Company, finding herself during the night in 27° 30' lat. and 72° 15' long., struck on her starboard quarter a rock, marked in no chart for that part of the sea.

Under the combined efforts of the wind and its four hundred horse power, it was going at the rate of thirteen knots. Had it not been for the superior strength of the hull of the Moravian, she would have been broken by the shock and gone down with the 237 passengers she was bringing home from Canada.

The accident happened about five o'clock in the morning, as the day was breaking. The officers of the quarter-deck hurried to the after-part of the vessel. They examined the sea with the most careful attention.

They saw nothing but a strong eddy about three cables' length distant, as if the surface had been violently agitated. The bearings of the place were taken exactly, and the Moravian continued its route without apparent damage.

Had it struck on a submerged rock, or on an enormous wreck? They could not tell; but, on examination of the ship's bottom when undergoing repairs, it was found that part of her keel was broken.

This fact, so grave in itself, might perhaps have been forgotten like many others if, three weeks after, it had not been re-enacted under similar circumstances. But, thanks to the nationality of the victim of the shock, thanks to the reputation of the company to which the vessel belonged, the circumstance became extensively circulated.

The 13th of April, 1867, the sea being beautiful, the breeze favourable, the Scotia, of the Cunard Company's line, found herself in 15° 12' long. and 45° 37' lat. She was going at the speed of thirteen knots and a half.

At seventeen minutes past four in the afternoon, whilst the passengers were assembled at lunch in the great saloon, a slight shock was felt on the hull of the Scotia, on her quarter, a little aft of the port-paddle.

The Scotia had not struck, but she had been struck, and seemingly by something rather sharp and penetrating than blunt.

The shock had been so slight that no one had been alarmed, had it not been for the shouts of the carpenter's watch, who rushed on to the bridge, exclaiming, "We are sinking! We are sinking!" At first the passengers were much frightened, but Captain Anderson hastened to reassure them. The danger could not be imminent. The Scotia, divided into seven compartments by strong partitions, could brave with impunity any leak.

Captain Anderson went down immediately into the hold.

He found that the sea was pouring into the fifth compartment; and the rapidity of the influx proved that the force of the water was considerable. Fortunately this compartment did not hold the boilers, or the fires would have been immediately extinguished.

Captain Anderson ordered the engines to be stopped at once, and one of the men went down to ascertain the extent of the injury.

Some minutes afterwards they discovered the existence of a large hole, two yards in diameter, in the ship's bottom.

Such a leak could not be stopped; and the Scotia, her paddles half submerged, was obliged to continue her course. She was then three hundred miles from Cape Clear, and, after three days' delay, which caused great uneasiness in Liverpool, she entered the basin of the company.

The engineers visited the Scotia, which was put in dry dock.

They could scarcely believe it possible; at two yards and a half below water-mark was a regular rent, in the form of an isosceles triangle.

The broken place in the iron plates was so perfectly defined that it could not have been more neatly done by a punch.

It was clear, then, that the instrument producing the perforation was not of a common stamp and, after having been driven with prodigious strength, and piercing an iron plate 1 3/8 inches thick, had withdrawn itself by a backward motion.

Such was the last fact, which resulted in exciting once more the torrent of public opinion. From this moment all unlucky casualties which could not be otherwise accounted for were put down to the monster.

> Upon this imaginary creature rested the responsibility of all these shipwrecks, which unfortunately were considerable; for of three thousand ships whose oss was annually recorded at Lloyd's, the number of sailing and steam-ships supposed to be totally lost, from the absence of all news, amounted to not less than two hundred!
>
> Now, it was the "monster" who, justly or unjustly, was accused of their disappearance, and, thanks to it, communication between the different continents became more and more dangerous.
>
> The public demanded sharply that the seas should at any price be relieved from this formidable cetacean. [1]
>
> [1] Member of the whale family.

Fonte: Verne, 2004.

1. Encontre, entre as definições a seguir, uma palavra utilizada no texto que corresponda a cada significado:

    a. To determine; to find out = _____
    b. To move back = _____
    c. To give a job or tasks to be done = _____
    d. Almost not ; hardly = _____
    e. To experience, to suffer, bear = _____
    f. To cause to mix in with and be caught by something else = _____

    g. A ship = _____
    h. A tool with a handle attached to a broad, flat, or slightly curved surface = _____
    i. A low-pitched sound of air forced from the mouth = _____

    j. To give money or property for the support of = _____

2. Procure no texto palavras que sejam sinônimos de:

a. _____ = event
b. _____ = spread
c. _____ = endless
d. _____ = while
e. _____ = apprehensive
f. _____ = required

3. Retire do texto uma palavra que você não conhecia e com a qual você usou, ou poderia ter usado, os recursos relacionados no item 4.3:

Palavra   Recurso

a. _____   _____
b. _____   _____
c. _____   _____
d. _____   _____
e. _____   _____
f. _____   _____

4. Tente identificar a razão da dificuldade em cada palavra do exercício 3 usando a classificação apresentada do item 4.2. Se não for possível, existe alguma outra razão que você possa identificar?

Palavra   Recurso

a. _____   _____
b. _____   _____
c. _____   _____
d. _____   _____
e. _____   _____
f. _____   _____

dica Se você ficou curioso(a) para saber o que estava causando danos em tantos navios, continue a leitura dessa história na página da internet indicada nas referências bibliográficas.

Capítulo 5

Leitura:
gramática e coesão

Como vimos no capítulo anterior, um amplo conhecimento do léxico do inglês é de fundamental importância para a compreensão de textos nessa língua, e podemos desenvolver e utilizar algumas habilidades para identificar o vocabulário desconhecido.

Agora vamos ver o que a gramática da língua inglesa pode fazer por nós, que conhecimentos gramaticais são relevantes no processo de compreensão de um texto e como podemos tirar proveito deles durante as leituras que fazemos. Vamos, também, introduzir conhecimentos sobre os elementos que fazem parte da estrutura da língua com a função de dar coesão aos textos.

Queremos deixar bem claro que nossa intenção não é ensinar gramática. Tampouco poderemos esgotar as possibilidades dos conhecimentos gramaticais e estruturais ou de elementos discursivos que podem ser utilizados para ajudar o leitor no processo de compreensão de texto. É importante que o leitor perceba que a utilização de cada um desses conhecimentos e elementos que abordaremos neste capítulo, sejam eles já conhecidos ou dos que venha a aprender, vai depender da necessidade e da habilidade de cada leitor em identificar o recurso e o momento apropriado para que essa utilização não se transforme em um empecilho em vez de um auxílio.

Com isso, queremos dizer que cabe ao próprio leitor decidir o tipo de informação de que ele precisa e selecionar o tipo de conhecimento e de estratégia que ele deve utilizar em cada caso. Mas, para decidir, é preciso que o leitor saiba de todos os recursos que tem à disposição. A gramática é um deles!

5.1 Gramática e textualidade

Vamos começar a falar sobre o assunto fazendo algumas perguntas para refletir sobre a necessidade desse estudo. Primeiro, podemos perguntar: será que apenas conhecendo a gramática sou capaz de compreender textos nessa língua? A resposta é não! Apenas o conhecimento gramatical não nos torna leitores proficientes. A segunda pergunta é: será que preciso conhecer profundamente a gramática do inglês para melhorar minha proficiência em leitura? Definitivamente não! Precisamos de algum conhecimento, mas nada detalhado ou profundo. Então, precisamos saber: e se eu não for muito bom para trabalhar com regras gramaticais, isto é, se o meu conhecimento gramatical for apenas intuitivo, ainda assim tenho chance de ser um leitor proficiente? Sim, certamente! A partir dessa resposta, surge a última pergunta: mas, então, por que preciso saber sobre regras gramaticais se mesmo sem elas eu posso ser um bom leitor? Porque, certamente, esse conhecimento nos ajuda na leitura dos textos mais difíceis. Quanto mais recursos nós tivermos ao nosso dispor, mais chances teremos de atingir nossos objetivos de leitura com mais facilidade, rapidez e eficiência. Sendo assim, vejamos como isso acontece! (ver Questões para Reflexão, exercício 1).

São os vários elementos existentes na estrutura gramatical da língua que, quando utilizados correta e adequadamente, estabelecem a coesão entre os itens lexicais, de forma que as palavras passam a formar sentenças, e estas, textos mais ou menos longos. O fato de um texto ter coesão não significa necessariamente que ele seja coerente, mas um texto sem coesão pode acabar perdendo sua coerência[*], isto é, sua textualidade. Certo, mas o que a textualidade tem a ver com gramática?

---

[*] Veremos a questão da coesão e coerência do texto nos itens 5.2 e 5.3 e no capítulo 6. No momento, tudo o que precisamos lembrar sobre isso é que: coesão é dada por elementos textuais que fazem com que um texto não seja apenas um amontoado de palavras sem ligação lógica umas com as outras. E a coerência é dada por elementos presentes no texto e/ou fora dele, que fazem com que as ideias façam sentido e estabeleçam uma conexão lógica, mesmo quando elas, aparentemente, não estão conectadas.

Como você poderá percebe a seguir, tem muito! Um texto cuja estrutura gramatical é cheia de "erros" é um texto difícil de ser lido e que pode gerar más interpretações. Tudo bem, mas, ainda assim, você pode estar considerando, neste momento, que saber o que estabelece a coesão de um texto é muito importante para quem escreve e não para quem lê. Se você pensa assim, você está parcialmente correto, porque o escritor deve mesmo ser capaz de estabelecer a coesão no texto que escreve, mas vamos precisar ampliar um pouco mais seu ponto de vista sobre isso. O fato é que o leitor proficiente também deve ser capaz de identificar os elementos coesivos do texto que lê, nesse caso, a ordem natural das sentenças na língua, as possibilidades de mudança dessa ordem, o funcionamento dos verbos, o uso de adjetivos e advérbios, os recursos estilísticos utilizados pelos escritores e que têm por base a estrutura da língua, como o uso de sentenças invertidas, o emprego de diferentes conectores* cujo significado é similar, entre outros. Essa identificação nos ajuda a ser capazes de perceber e entender, na nossa tarefa de compreensão de certos textos, as relações entre os termos, as sentenças e os parágrafos. Sem essa identificação e entendimento, poderemos ter uma compreensão do texto deficitária e possivelmente errônea.

Vejamos, então, algumas questões gramaticais, que, embora em pequeno número, entendemos ser de extrema relevância para o nosso estudo.

5.1.1 Ordem da sentença

Conforme mencionamos no capítulo 4, a ordem natural da sentença em inglês é sujeito + verbo + objeto (SVO). Isso significa que essa é a ordem mais comum das sentenças da língua. Por exemplo: *Ann loves her cat*, ou *Mary and Carl have a car*. Temos nessas duas sentenças afirmativas **S** (*Ann* e *Mary and Carl*), **V** (*loves* e *have*) e **O** (*her cat* e *a car*). No entanto, essa ordem não é a única possível. Quando usamos as formas interrogativas e negativas, a estrutura da sentença se modifica. Vamos ver como isso acontece comparando-as com a forma afirmativa, nos exemplos a seguir. Usaremos para isso as estruturas mais básicas e simples da língua.

---

* O uso dos conectores será tratado mais adiante.

» **Forma interrogativa**: nessa forma, temos duas situações diferentes: as sentenças cujo verbo principal é o verbo *to be* e aquelas cujo verbo principal é algum outro.*

To be:
Afirmativa – *He is a student.*
Interrogativa – *Is he a student?*
O que acontece com a ordem, aqui, é que o verbo muda sua posição na sentença e vem antes do sujeito. Ou seja, com esse verbo, temos a ordem VSO.

Outros verbos:
Afirmativa – *He likes English.*
Interrogativa – *Does he like English?*
Nesse caso, o verbo principal da sentença, como vemos na forma afirmativa, é o *like*. Em inglês, qualquer outro verbo que não seja o *be* precisa de um auxiliar nas sentenças interrogativas. O auxiliar nos tempos verbais simples é o *do*. Então, é o auxiliar que vai mudar de posição, passando para frente do sujeito, enquanto o verbo principal permanece na mesma posição, após o sujeito. A ordem fica $V_{(aux.)}SVO$.

Mas, nesse exemplo, ainda pode restar uma dúvida: por que *Does* e não *Do*? Bem, vamos lembrar que em inglês, embora os verbos não sejam conjugados como no português, com terminações diferentes para pessoas diferentes, existe uma diferença de conjugação dos verbos no presente simples, que é marcada na 3.ª pessoa do singular (*he, she, it*). Essas três pessoas do verbo recebem uma marcação diferente: o acréscimo do *-s*, ou de *-es*, como é o caso do *do*; por isso temos *likes* e *does* (a terceira pessoa do verbo *to be* é irregular e por isso temos *is* para ela e *are* para as outras pessoas do verbo). Como marcamos a terceira pessoa apenas uma vez, quando temos um verbo auxiliar, é ele quem leva essa marca e o verbo principal deve ficar na forma simples do verbo (infinitivo sem *to*).

---

* Usamos a expressão *verbo principal* no sentido de que ele carrega o significado a ser expresso na sentença, em oposição ao termo *verbo auxiliar*, que, embora tenha um significado em outras situações, exerce no momento a função de auxiliar.

Forma negativa: assim como na forma interrogativa, vamos ter na negativa a mesma diferença entre o verbo *to be* e os outros.

To be:

Afirmativa – *He is a doctor.*

Negativa – *He is not a doctor.* (Lembre que a contração de *is not* é *isn't*, forma mais comumente usada na oralidade que na escrita). A inserção da partícula negativa no inglês é feita após o verbo e, por isso, a ordem dos elementos na sentença com o verbo *to be* fica sendo SV + negativa + O. Mas esse não é o problema com a negativa. O problema está com os outros verbos.

Outros verbos:

Afirmativa – *He studies English and French.*

Negativa – *He does not study Japanese.* (Contração na forma negativa – *doesn't*).

Como podemos perceber, a forma negativa com os outros verbos também é feita por meio de um verbo auxiliar. Nesse caso, a partícula negativa fica após o verbo auxiliar e, como na forma interrogativa, o verbo principal assume sua forma simples. A ordem, portanto, será $SV_{(aux.)}$ + negativa + VO.

5.1.2 Ordem dos adjetivos

A ordem dos adjetivos em inglês é um tanto estranha no início para falantes de português. Em português, os adjetivos vêm, geralmente, depois do substantivo que estão qualificando. Por exemplo:

» Menina **bonita**.
» Gato **peludo**.
» Cachorro **fofinho**.
» Carro **veloz**.

Com menor frequência, mas ainda assim bastante comum, os adjetivos em português podem ser colocados antes do substantivo, como em:

» Um garoto de **grande** inteligência.
» Profissional de **ampla** visão comercial.
» Um **enorme** balão.

Em inglês, os adjetivos são colocados como no segundo grupo

desses exemplos, **antes do substantivo**. Não importam quantos adjetivos sejam usados para qualificar um substantivo, aqueles virão antes deste*. Por exemplo:

» *The big cat.*
» *The old red car.*
» *A beautiful blond and intelligent girl.*

5.1.3 Substantivos adjetivados

Em português, quando queremos usar um substantivo como adjetivo, precisamos de uma preposição para acompanhá-lo:

» Móveis **de madeira**.
» Balanço **de plástico**.
» Férias **de inverno**.

Em inglês, isso normalmente não é preciso. Muitos substantivos exercem a função de adjetivo também. Assim, como acontece com os outros adjetivos, eles são colocados à frente do substantivo principal.

» *A hundred school children were sent home because of the bad weather.*
» *None of them could imagine they would have a wonderful holiday romance.*
» *He said it was a bad newspaper article.*
» *Her paintings consisted mainly of rose garden pictures.*

5.1.4 Grupos nominais

Esses são grupos de palavras relacionadas entre si, que são formados por um núcleo, sempre um substantivo, e um ou mais modificadores, que podem ser adjetivos, artigos, numerais, pronomes, advérbios** e até substantivos com função de adjetivo.

O interessante sobre os grupos nominais é que eles funcionam de forma diferente do português. Como vimos, na ordem dos adjetivos, em inglês o substantivo vem depois dos adjetivos. O que acontece

---

* Existem outras estruturas em que o adjetivo pode vir depois. Mas elas não serão abordadas neste momento porque não trazem dificuldades de compreensão.

** Os advérbios, nos grupos nominais, sempre precedem os adjetivos, modificando-os.

nesses grupos é que os modificadores quase sempre aparecem antes do núcleo, como na sentença: *My expensive small pale flowered Chinese vase*. Existem casos, porém, em que eles aparecem após o núcleo. Isso acontece quando houver um grupo preposicional. Isto é, sempre que o modificador estiver após uma preposição, ele virá depois do núcleo do grupo nominal ao qual pertence. Exemplo: *The **girl** in red behind the door* (*girl* é o núcleo e os dois modificadores são necessariamente preposicionados).

Esse tipo de grupo nominal não representa uma dificuldade para o falante do português, porque a ordem dessa estrutura é semelhante nessa língua. São os outros grupos que podem causar estranhamento, pois a ordem é diferente do português e na sua tradução precisamos comumente usar preposições que não aparecem no inglês. Vejamos alguns exemplos com suas respectivas traduções:

Quadro 2 – Exemplos de grupos nominais

Inglês	Português
European Community	Comunidade Europeia
United Nation Organization	Organização das Nações Unidas
Industrialized Countries	Países industrializados
International Monetary Found	Fundo Monetário Internacional
Extremely large industrial areas	Áreas industriais extremamente grandes
An important marketing strategy	Uma importante estratégia de *marketing*

Com esses grupos, precisamos ficar atentos, pois, às vezes, a ordem da tradução pode modificar o significado pretendido no texto em inglês.

5.1.5 Verbos

Os verbos em inglês, às vezes, podem ser fonte de problema para leitores com pouco conhecimento da língua. Por isso, vamos ver algumas informações sobre eles, que são relevantes na interpretação de um texto.

Antes, porém, é bom lembrar que a regularidade ou irregularidade dos verbos em inglês é manifestada na formação do passado e do particípio passado dos verbos e não na conjugação, como acontece no português. Os únicos verbos que possuem uma conjugação irregular são o verbo *to be* e os verbos modais, que veremos adiante.

Verbos regulares e irregulares

A característica dos verbos regulares é que a sua terminação no tempo passado e no particípio passado é sempre em *-ed*: *talk/ talked*; *dance / danced*; *watch / watched*; e assim por diante.

A implicação disso na leitura é a facilidade de identificação de verbos no passado. Mesmo que estejamos vendo uma palavra pela primeira vez, o fato de ela terminar em *-ed* possibilita sua classificação como verbo e a identificação do tempo verbal.

Já os verbos irregulares, como o próprio nome diz, não possuem característica de terminação em comum. Eles apresentam as três formas, simples, do passado e do particípio, iguais (*cut, cut, cut / hit, hit, hit*); duas iguais e uma diferente (*mean, meant, meant / come, came, come*); ou todas diferentes (*know, knew, known / sing, sang, sung*).

Isso faz com que o reconhecimento do verbo e do tempo verbal seja um pouco menos evidente e exija uma atenção maior do leitor em relação ao contexto como um todo.

Além disso, é importante que o leitor lembre-se de que, embora a quantidade de verbos irregulares seja bem menor em relação aos regulares, a sua frequência de uso é muito alta, o que torna o seu conhecimento extremamente relevante.

Como dissemos antes, o verbo *to be* é uma exceção, porque ele é irregular na conjugação do passado. Para esse verbo, temos duas conjugações possíveis: *was* – para a primeira e terceira pessoa do singular (*I* e *he, she, it*) e *were* para as demais pessoas do verbo (*you, we, they*).

Verbos modais

São chamados *verbos modais,* ou *verbos auxiliares modais,* aqueles verbos irregulares que se comportam diferentemente dos outros verbos. Os modais mais comuns são: *can, could, may, might, must, ought to, shall, should, will, would.* Vejamos algumas características importantes:

» Normalmente, não têm forma no passado nem no futuro e não são conjugados com o uso de auxiliares ou formas/terminações característicos (embora o *could, would, should* e *might* possam ser usados como passado de *can, will, shall* e *may*, respectivamente). Então:
  › *They might travel with us next weekend!* (Futuro)
  › *The boys should be here one hour ago!* (Passado)
» Não têm marcação de terceira pessoa do singular *-s*:
  › *She can play the guitar.*
  › *He could imagine what he wants.*
» A negativa não precisa de auxiliar, isto é, o *not* é colocado depois do próprio modal:
  › *I cannot arrive late!*
  › *You should not complain so much!*
» Não têm infinitivo, gerúndio ou particípio:
  › Não existem as formas ~~to must, musting, musted~~.

Não seria possível fazer com um modal o que se pode fazer com o verbo *fish*, por exemplo: *He is fishing with his kids.* Ou *Fishing is very relaxing!*

» Não se pode utilizar mais de um ao mesmo tempo:

Não é possível algo como: *We ~~may should~~ go out for lunch.* Temos que escolher um.

» Na estrutura da sentença, funcionam da mesma forma que os auxiliares na forma interrogativa:
  › *Can you speak other languages?*
  › *Should we go with you?*
» Nas sentenças afirmativas, são seguidos pelos verbos na sua forma simples (infinitivo sem *to* - *ought* é exceção):
  › *You might talk with him first!*
  › *We will go back there next month!*

Uma característica fundamental dos verbos modais é a função que eles exercem na sentença: dar informações adicionais sobre o verbo principal que o segue. Michael Swan (1995) apresenta uma lista de significados que os modais podem expressar e que apresentamos aqui adaptada e com os modais mais comuns usados com cada significado:

Graus de certeza:
» certeza completa (positiva ou negativa): *will, shall, would, can, could, must*;
» probabilidade/possibilidade: *should, ought to, may*;
» probabilidade fraca: *might, could*;
  › possibilidade teórica ou habitual: *can, may*;
» certeza condicional ou possibilidade: *would, could, might*.

Liberdade de ação ou obrigação:
» forte obrigatoriedade: *must, will*;
» proibição: *must not, may not, can't*;
» obrigatoriedade fraca/recomendação: *should, ought to, might, shall*;
  › disposição para fazer algo, oferta, decisão: *will, would, shall*;
» permissão: *can, may, might*;
» habilidade: *can*.

Aqui reside a importância dos modais para os leitores. É fundamental que o leitor seja capaz de identificar que função o modal está exercendo para que possa estabelecer as relações corretas entre as ideias apresentadas.

5.1.6 *Phrasal verbs*

Muitos verbos em inglês podem vir seguidos por preposições ou partículas adverbiais (*on, at, out, back, with, for* etc.). Em diferentes gramáticas, vamos encontrar definições desses verbos como:
» Um *phrasal verb* consiste em duas ou três palavras que são usadas juntas para formar um verbo.
» Um *phrasal verb* consiste em duas ou três palavras que, quando usadas juntas, têm um significado diferente dos significados individuais das palavras que o formam.

A questão sobre esses verbos é que eles podem confundir um leitor desavisado, porque, primeiro, as palavras que compõem um *phrasal verb* são palavras comuns, isto é, são verbos, preposições e partículas conhecidas e usadas regularmente em diferentes contextos. Isso leva o leitor, muitas vezes, a tentar entender, erroneamente, o significado de cada item separadamente. Embora às vezes o significado das palavras isoladamente possa servir de pista para o significado do todo, frequentemente o significado delas isoladamente não nos ajuda a chegar ao do novo verbo; então, devemos aprender e entender cada *phrasal verb* como um só item lexical. Até porque existem *phrasal verbs* que podem ter seus termos separados por um substantivo, ou um pronome, por exemplo, fato que dificulta a imediata visualização das duas ou três palavras compondo um único item lexical.

Sendo assim, vamos apresentar exemplos dessas situações para que você possa reconhecer e procurar o significado de um *phrasal verb* quando encontrá-lo em um texto.

Quadro 3 – Exemplos de *phrasal verbs*

Verb	Preposition/particle	Meaning
Came	back	Returned Ex.: *He came back home yesterday!*
Catch	on	Become popular Ex.: *Easter medicine catches on with western doctors.*
Take	off	Leave the ground Ex.: *The plane took off at 3:15 p.m.*
Look	out	Be careful Ex.: *Look out! There's as bike coming!*
Turn	up	Make louder Ex.: *Can you turn the music up? I can't hear it.*
Try	out	Test Ex.: *There're many ice cream flavors. I'd like to try them all out.*

5.2 Coesão – referência textual e elementos coesivos

Como dissemos no início do item anterior, vários elementos na estrutura de uma língua podem ajudar na leitura de um texto. Além das questões gramaticais vistas, temos outros recursos que utilizamos em nossos discursos (quer orais, quer escritos) cujo conhecimento pode fazer a diferença.

Com certeza, você já ouviu falar, nas aulas de português, em "coesão e coerência textuais", "falta de coesão no texto", "o texto está ou não está coerente" etc. (ver Questões para Reflexão, exercício 2).

Bem, a coesão e a coerência textual não são características exclusivas do português; elas são características de todas as línguas. Sendo assim, nada mais justo do que começar a trabalhá-las pela sua definição.

Coesão, segundo o dicionário Houaiss (2001), é "unidade lógica, coerência de um pensamento, de uma obra". Por sua vez, *coerência* é "ligação, nexo ou harmonia entre dois fatos ou duas ideias". Mas isso parece não explicar muito. Fávero (2002, p. 9) aponta diferentes formas que diferentes autores têm de fazer a distinção entre esses dois termos. Segundo ela, alguns entendem "coesão como um conceito semântico referente às relações de sentido que se estabelece entre os enunciados que compõem o texto", de forma que a interpretação de um termo depende da interpretação de algum outro. Outros entendem que a coesão se manifesta microtextualmente, isto é, na relação que as palavras têm entre si, na forma como elas se ligam umas às outras de forma sequencial; já a coerência manifesta-se principalmente no nível macrotextual, envolvendo conceitos, relações entre os diferentes níveis de leitura do texto e processos cognitivos diversos.

Fávero (2002) exemplifica, no segundo caso, que coesão e coerência são fenômenos distintos pelos seguintes motivos:

» A coesão existente em um encadeamento de sentenças não faz dessa sequência, necessariamente, um texto coerente. Exemplo:

*The boy studies English every Day. His bike is green and he rides it on **Sundays**. **Sundays** is the day he goes to **church**. The **church** is very old, but very beautiful, too.*

Podemos perceber que existem elementos de coesão entre as sentenças (itens **destacados**). Entretanto, mesmo a retomada dos elementos de uma sentença em outra(s) não garante a sua textualidade como um todo, pois elas estão soltas; apenas escritas sequencialmente no formato de texto, sem o encadeamento das ideias.

» É possível que um texto não seja coeso, mas que ainda assim possa ser coerente. Exemplo:

Carl intends to study physics at college.
Mary spends almost all her free time reading in the library.
Julie is taking her master's degree in literature.
My brother and sisters like to study as much as I do.

Como a coerência não é unidimensional, a textualidade dessas sentenças é dada pela conexão que a última sentença estabelece entre ela e as anteriores.

Neste momento do nosso estudo, vamos nos ater ao exame dos tipos de coesão textual que são mais importantes para o cumprimento dos nossos objetivos.

5.2.1 Palavras de referência

Vamos começar a falar sobre referência, dando um exemplo de por que precisamos dessas palavras. Leia o parágrafo a seguir.

Analisando esse texto, podemos chegar a duas conclusões:

> The little girl has a cat. The cat is white and fat. The girl calls the cat Fifi. The cat sleeps with the girl. The girl loves the cat and takes the cat to school every day. The girl's brother doesn't like the cat and fights the girl because of the cat all the time. When the cat sees the girl's brother, the cat runs very fast.

1. O texto repete algumas palavras o tempo todo, no caso, substantivos.
2. A repetição torna o texto desagradável de se ler.

Para que isso não aconteça com os textos, os autores usam alguns elementos que garantem a progressão do texto e mantêm a coesão ao mesmo tempo. Em lugar de repetir as mesmas palavras, eles utilizam outras, que se referem às que eles não querem repetir e que retomam a informação necessária, seja ela um nome, um verbo, um lugar, uma situação, uma condição etc. Essas palavras podem ser pronomes (pessoais e demonstrativos), verbos, advérbios, numerais, substantivos (sinônimos) e mesmo pequenas frases.

Kato (2007, p. 94) afirma que a interpretação correta dos referenciais dos elementos a eles ligados em um texto está entre as estratégias mais importantes na extração de sentidos de um texto. Isso acontece porque, se o leitor não conseguir fazer a conexão entre o referente e seu referencial, a informação se perde e o leitor já não saberá quem fez o que na história.

Vejamos, então, como ficaria nossa história anterior, com o emprego de alguns referentes possíveis:

> The little girl has a cat, which is white and fat. She calls it Fifi. Fifi sleeps with the girl, who loves and takes it to school every day. The girl's brother doesn't like the cat and fights his sister because of it all the time. When the cat sees the boy, it runs very fast.

As referências usadas não são as únicas possíveis. Há outras formas de se dizer a mesma coisa e a escolha dos referentes depende do autor do texto.

5.2.2 Elipse

Essa é outra forma de referência, só que em lugar de substituir uma informação com um referente, o escritor omite uma informação que pode ser facilmente retomada no contexto próximo. Por exemplo: *He likes oranges and she apples.*

Percebemos que não há necessidade de repetir o verbo *likes* porque o contexto nos permite inferir sua "existência" facilmente.

```
Until recently, researchers [Who] Study the genetic and [ ]
molecular mechanisms of ageing thought
[they] had little to learn from wild animals.
[They] tended to belive that few of [them]
ever lived long enough to show the decrepitude of old age. So
[they] opted for lab organisms because [they]
are easy to raise and [ ] have short lives.
```

Fonte: Holmes, 2010.

Vejamos agora como isso tudo funciona em um texto:

Percebam que cada palavra referente está ligada ao seu referencial. E se não soubermos retomá-los devidamente, podemos facilmente incorrer em erros de interpretação. Podemos ver que as duas elipses referem-se a informações facilmente recuperáveis no próprio parágrafo e, por isso, não temos dificuldades em entendê-las.

É claro que não podemos esperar que as referências sejam assim tão simples, e, por isso mesmo, o leitor deve estar atento a esses elementos coesivos.

5.3 Marcadores discursivos – conectores lógicos

Além da referência textual vista no item anterior, existem elementos que garantem a coesão entre as sentenças e entre os parágrafos do texto.

Words of transition, words of connection, logical connectors, transition devices, cohesive devices, linking words/devices, discourse markers ou *connective adjuncts*, são algumas das muitas expressões usadas para identificar este aspecto de grande relevância no estudo, não só do inglês, como *de todas as línguas. São conjunções, advérbios, preposições, locuções, etc., que servem para estabelecer uma conexão lógica entre frases e elementos da ideia. Em português essas palavras são chamadas de articuladores ou palavras conectivas. O uso correto destas palavras confere solidez ao argumento e consequentemente elegância ao texto.* (Schütz, 2010)

Esses marcadores discursivos têm a função de ligar as sentenças umas às outras, de indicar ideias similares ou opostas, de estabelecer relações de causa e efeito, entre outras.

As ideias expressas podem ser de adição (*and*, *also*), de ênfase (*above all, definitely*), de comparação (*likewise*), de contraste (*although*), de consequência (*therefore*), de alternativa (*otherwise*), de propósito (*in order to*), de causa (*due to*), de tempo (*after a while*), entre muitas outras.*

Vamos ver agora um exemplo de como esses marcadores discursivos funcionam na prática.

> I am a sick man. ... I am a spiteful man. I am an unattractive man. I believe my liver is diseased. **However(1)**, I know nothing at all about my disease, **and(2)** do not know for certain what ails me. I don't consult a doctor for it, and never have, **though(3)** I have a respect for medicine and doctors. **Besides(4)**, I am extremely superstitious, sufficiently so to respect medicine, anyway (I am well-educated enough not to be superstitious, **but(5)** I am superstitious).
> No, I refuse to consult a doctor from spite. That you probably will not understand. Well, I understand it, **though(6)**. Of course, I can't explain who it is precisely that I am mortifying in this case by my spite: I am perfectly well aware that I cannot 'pay out' the doctors by not consulting them; I know better than anyone that by all this I am only injuring myself and no one else. **But(7)** still, if I don't consult a doctor it is from spite. My liver is bad, well – let it get worse!

Fonte: Dostoevsky, 2010.

---

* Incluímos no final deste item um quadro com palavras de transição para consulta, mas remetemos o leitor à página <http://www.sk.com.br/sk-conn.html>, de Ricardo Schutz, para obtenção de uma lista abrangente tanto de funções quanto de ideias e relações expressas.

Notes from the underground

(1) *however*: estabelece um contraste entre o que foi dito antes e o que segue: ele acha que está doente, **entretanto** não sabe nada sobre a doença;

(2) *and*: indica a adição de alguma informação à anterior: não sabe nada sobre a sua doença, **e** não sabe ao certo o que o deixa doente;

(3) *though*: também indica um contraste entre duas ideias, a anterior e a posterior à palavra: nunca consultou médicos, **entretanto** tem respeito por eles;

(4) *besides*: indica a adição de uma informação à que foi dada anteriormente: tem respeito pelos médicos e pela medicina, **além disso**, é supersticioso, o que o faz ter esse respeito;

(5) *but*: estabelece um contraste entre o que ele é e o que deveria ser: é bem educado o bastante para não ser supersticioso, **mas** é supersticioso;

(6) *though*: na posição em que está, mostra haver um contraste entre as duas ideias apresentadas anteriormente;

(7) *but*: indica o contraste entre a informação imediatamente anterior e a próxima: sabe que o maior prejudicado é ele, **mas** se não vai ao médico é por despeito.

Esse tipo de relação deve ser bem entendido para não corrermos o risco de achar que alguém está concordando com alguma ideia quando na verdade ele ou ela está criticando, por exemplo.

Quadro 4 – Marcadores discursivos

Função/Significado	Conectores	
Introduz ideia de **adição**	*Additionally* *And* *Again* *Also* *Besides (this/that)* *In addition*	*Furthermore* *Moreover* *Likewise* *Too* *Another (+noun)*

(continua)

(Quadro 4 Conclusão)

Introduz ideias **opostas**	In contrast Instead However On the other hand Nevertheless Nonetheless Although Yet	But Though Even though Even so Whereas While In spite of (+noun) Despite (+noun)
Introduz uma **causa ou razão**	Because Since As Because (of)	For As a result of Due to As a consequence of
Introduz um **efeito ou resultado**	Accordingly As a result of As a consequence Therefore Thus	Consequently Hence So The reason for The cause of
Introduz uma **exemplificação**	For example For instance Such as e.g. That is	In another case In this case In this manner Including Namely
Introduz uma **conclusão**	In conclusion In summary To conclude To summarize To sum up Overall	Finally In brief All things considered All in all After all
Indica uma **relação temporal** e/ou **ordem de importância**	Then Thereafter Nowadays Presently Shortly (after) Since (then) So far From now on First Second (third, etc) Next	Last Finally First of all After (that) Before While Until As soon as In the mean time currently

Da mesma forma que os assuntos tratados nos itens anteriores, também só conseguimos perceber como e por que trabalhar com esse tema se temos dúvidas a respeito dele e quais são elas na prática. Sendo assim, vamos à prática!

Síntese

Neste capítulo, nosso foco foram elementos mais objetivos, da gramática e do vocabulário, que exercem um papel importante na estrutura da língua inglesa e, por isso, influenciam enormemente no processo de compreensão dos textos.

É fundamental que você entenda os pontos aqui apresentados: a estrutura frasal do inglês, o uso de adjetivos e advérbios, os grupos nominais e o funcionamento dos verbos. É também imprescindível que você consiga estabelecer as relações entre as palavras de referência. Lembre-se de que isso é importante para que você saiba quem fez o quê, quando, onde e por quê. Se não conseguimos retomar as informações, não conseguimos chegar à conclusão alguma; podemos acabar "comparando laranjas com sapatos" e achando que "o leão marinho é o responsável pela extinção dos pescadores", ou coisa parecida.

Finalmente, é preciso aprender a usar os marcadores discursivos a seu favor. Embora eles tenham a função de fazer com que o texto fique mais elegante e fácil de ser lido, essa não é a sua única função. Na verdade, ele facilita a leitura porque deixa mais evidentes as relações entre as frases de uma sentença, entre as sentenças de um parágrafo e entre os parágrafos de um texto.

A má interpretação ou o descaso feito a um desses elementos pode nos levar a conclusões tão absurdas quanto às do exemplo logo anterior. Os conectores evitam que você interprete equivocadamente, por exemplo, que "o estudante considerava o professor um exemplo **porque** ele era exigente demais" na sentença: *The student regarded his teacher as an example of a good educator,* **even though** *he considered him too strict sometimes.* Caso o conector (em negrito) não estivesse presente, você poderia interpretar como mencionado. O conector, então, estabelece que tipo de relação existe entre as duas frases que ele está separando.

Além dessas questões abordadas neste capítulo, sabemos que existem muitas outras, também importantes, no que diz respeito à gramática e à coesão para o processo de compreensão de texto. Esperamos que você, caro leitor, sinta-se incentivado a buscar por si mesmo as informações que não puderam ser incluídas aqui, pois, se tivessem sido, seria preciso publicar este livro em dois volumes.

Nossa última observação do capítulo é um alerta ao leitor para que treine, em diferentes tipos de texto à sua disposição, o trabalho com os itens gramaticais e os elementos coesivos abordados ao longo do capítulo, pois só ter a consciência da sua existência não basta. É preciso praticar para que o reconhecimento e o entendimento desses elementos se torne cada vez mais imediato, colaborando para que a sua leitura seja mais e mais proficiente.

Indicações culturais

TIME FOR KIDS. Disponível em: <http://www.timeforkids.com/TFK/kids>. Acesso em: 20 set. 2010.

Em vários gêneros de texto, vamos encontrar e poder praticar o assunto visto neste capítulo. Nesse *site*, encontre matérias da revista *Times For Kids* e procure encontrar e trabalhar com cada uma das questões, quando possível.

TIME. Disponível em: <http://www.time.com/time/magazine>. Acesso em: 20 set. 2010.

THE GUARDIAN. Disponível em: http://www.guardian.co.uk/theguardian>. Acesso em: 20 set. 2010.

Depois de trabalhar com textos mais simples, tente fazer o mesmo com textos mais complexos, como os que podem ser encontrados nesses *sites*, referentes, respectivamente, à revista *Time* e ao jornal *The Guardian*.

Atividades de autoavaliação

1. Relacione a coluna da direita com a da esquerda e marque a alternativa correspondente:

Sentença	Ordem
(1) Interrogativa com *to be*	(a) SVnVO
(2) Negativa com *to be*	(b) VSO
(3) Afirmativa	(c) VSVO
(4) Interrogativa com outro verbo	(d) SVnO
(5) Negativa com outro verbo	(e) SVO

a. 1a, 2d, 3b, 4e, 5c.
b. 1e, 2a, 3c, 4d, 5b.
c. 1b, 2d, 3e, 4c, 5a.
d. 1c, 2d, 3a, 4b, 5e.

2. Leia as expressões em inglês e marque os adjetivos com um (A) e os substantivos adjetivados com um (S). A seguir, marque a alternativa que apresenta a sequência correta:

1. ( ) *house guest*
2. ( ) *beautiful pullover*
3. ( ) *anusual silver ring*
4. ( ) *winter games*
5. ( ) *brain research*
6. ( ) *old house*
7. ( ) *long black hair*
8. ( ) *office party*

a. 1A, 2A, 3S, 4S, 5A, 6S, 7S, 8A.
b. 1S, 2S, 3A, 4S, 5S, 6A, 7A, 8A.
c. 1A, 2S, 3A, 4S, 5A, 6A, 7S, 8S.
d. 1S, 2A, 3A, 4S, 5S, 6A, 7A, 8S.

3. Complete o parágrafo a seguir com as palavras que estão no retângulo. Há palavras extras. Marque, depois, a alternativa correspondente:

Os grupos nominais são grupos de (1) _____ relacionadas entre si, que são formados por um núcleo, sempre um (2) _____, e um ou mais (3)_____, que podem ser adjetivos, artigos, numerais, pronomes, (4)_____ _____e até substantivos com (5)_____ de adjetivo. Os advérbios, nos grupos nominais, sempre precedem os (6)_____, modificando-os.

| a. modificadores | b. advérbios | c. conjunções | d. função |
| e. substantivo | f. verbos | g. adjetivos | h. palavras |

- a. 1a, 2d, 3g, 4h, 5e, 6b.
- b. 1h, 2e, 3a, 4b, 5d, 6g.
- c. 1a, 2e, 3b, 4f, 5g, 6d.
- d. 1g, 2d, 3c, 4b, 5e, 6f.

4. No parágrafo a seguir, quantos referentes podemos identificar?

> NICE guys knew it, now two studies have confirmed it: bad boys get the most girls. The finding may help explain why a nasty suite of antisocial personality traits known as the "dark triad" persists in the human population, despite their potentially grave cultural costs.

Fonte: Inman, 2008.

- a. 2
- b. 3
- c. 4
- d. 5

5. Relacione os conectores da esquerda com as funções da direita e marque a alternativa correta:

Conectores	Função
(1) *after a while*	(a) adição
(2) *also*	(b) alternativa
(3) *although*	(c) causa
(4) *definitely*	(d) comparação
(5) *due to*	(e) consequência
(6) *in order to*	(f) contraste
(7) *likewise*	(g) ênfase
(8) *otherwise*	(h) propósito
(9) *therefore*	(i) tempo

a. 1f, 2h, 3g, 4i, 5d, 6e, 7b, 8a, 9c.
b. 1h, 2f, 3i, 4e, 5b, 6a, 7c, 8g, 9e.
c. 1b, 2g, 3c, 4h, 5f, 6d, 7a, 8e, 9i.
d. 1i, 2a, 3f, 4g, 5c, 6h, 7d, 8b, 9e.

Atividades de aprendizagem

Questões para reflexão

1. Tente lembrar (se não conseguir, leia um texto em inglês e pense): quais são as questões gramaticais que interferem na sua leitura, isto é, que dificultam a compreensão do que você está lendo? Você saberia dizer por que isso acontece?

2. Antes de continuar a ler o texto a partir do ponto que indica esta atividade, você saberia definir ou explicar com suas próprias palavras o que é coesão e o que é coerência? Tente! Tome nota e depois avalie sua resposta.

Atividades aplicadas: prática

1. Leia o texto a seguir e veja as palavras de referência em negrito. Escreva, no espaço apropriado, a que elas se referem:

A narrative of a nine months' residence in new zealand in 1827

By Augustus Earle

Chapter i

Voyage from sydney

Having made up my mind to visit the island of New Zealand, and having persuaded my friend Mr. Shand to accompany me, **we** made an arrangement for the passage with Captain Kent, of the brig Governor Macquarie, and, bidding adieu to **our** friends at Sydney, in a few hours (on October 20th, 1827) we were wafted into the great Pacific Ocean.

There were several other passengers on board, who were proceeding to New Zealand to form a Wesleyan missionary establishment at Hokianga. Amongst **these** were a Mr. and Mrs. Hobbs, **who** were most enthusiastic in the cause.

They had formerly belonged to the same mission at Whangaroa, when a war **which** took place amongst the natives totally destroyed **their** establishment; and, after enduring great varieties of suffering, they escaped, but lost everything they possessed, except the clothes they had on. We had a very fine wind for nine days, and on the 29th we saw a gannet, a sure sign we were within a hundred miles of land, for **these birds** are never seen at a greater distance from **it**. True to our anticipations, towards the afternoon the water became discoloured, and at midnight we saw the land.

This interesting island, of which we now got sight, was first discovered by that eminent and enterprising Dutch navigator, Tasman, subsequently to the discovery of Van Diemen's Land. **His** voyage from Batavia in 1642, undertaken by order of the then Governor-General of Dutch India, Anthony Van Diemen, was one of the most important and successful ever undertaken, for it was during **this** voyage that New Holland was discovered, of which Van Diemen's Land was then supposed to form a part, the extensive island of New Zealand being supposed to form another portion.[1]

The slight intercourse of the discoverers with the natives had so calamitous a termination, and the exaggerated accounts it was then a kind of fashion to give of savages, stigmatised the New Zealanders with such a character for treachery and cruelty, that their island was not visited again for upwards of a century, when the immortal Cook drew aside the veil of error and obscurity from this unexplored land, and rescued the character of its inhabitants from the ignominy which **its** original discoverers, the Dutch, had thrown upon **them**. This immense tract of land was imagined by Tasman to form but one island, and **he** most unaptly gave it the name of New Zealand, from its great resemblance (as was stated) to his own country.[2]

Fonte: Earle, 2004.

a. *we* _____
b. *our* _____
c. *these* _____
d. *who* _____
e. *They* _____
f. *which* _____
g. *their* _____
h. *these birds* _____
i. *it* _____
j. *His* _____
k. *this* _____
l. *its* _____
m. *them* _____
n. *he* _____

Capítulo 6

Leitura e compreensão

Além dos conhecimentos gramaticais, elementos coesivos e marcadores discursivos com os quais trabalhamos no capítulo anterior, existe outra forma, muito importante, de organização textual que o nosso leitor não pode deixar de saber.

Para dar textualidade ao que escreve, isto é, para obter a coerência no texto, o escritor precisa organizar as ideias e as sentenças em um parágrafo usando elementos coesivos, diferentes dos apresentados anteriormente, que estabelecem algum tipo de ordem ou organização lógica. Alguns dos tipos mais comuns de ordem lógica em inglês são a **ordem cronológica, a divisão lógica de ideias, a comparação ou contraste e a causa e efeito**.

Cada tipo de organização lógica usa determinados conectivos (palavras e frases) para estabelecer a relação entre as ideias. Por exemplo, na ordem cronológica, podemos encontrar: *first*, *next*, *after that*, *since*, *then* etc.; na comparação (quando queremos falar das similaridades), podemos ter: *similarly, as...as, just like, likewise,* etc.; no contraste (quando queremos estabelecer as diferenças), teremos algo como: *unlike, on the other hand, in contrast, different from* etc.; na divisão lógica de ideias (em que as ideias são divididas em grupos e discutidas uma após a outra), os termos usados podem ser: *first, second, third,* ou alguma outra forma de deixar claro qual é o grupo discutido naquele momento; finalmente, na causa e efeito, podemos encontrar: *thus, therefore, so* etc. O emprego de cada termo vai depender da ligação pretendida entre as ideias apresentadas.

O que acontece normalmente é que nós, leitores, não estamos atentos à organização retórica dos textos que lemos; não temos o hábito de fazer esse tipo de análise. Porém, é importante que estejamos conscientes de que existe uma organização e que saibamos como usá-la a nosso favor quando necessário. Se precisamos lidar com textos complexos, por exemplo, saber identificar os princípios organizacionais do texto e entender como as ideias se conectam pode facilitar a compreensão de sentenças ou parágrafos mais difíceis.

Vamos ver como algumas dessas ordens lógicas funcionam, mas, antes, precisamos advertir o leitor de que os padrões de organização dos parágrafos e dos textos podem não estar sempre evidentes. Da mesma forma, eles não precisam seguir, necessariamente, apenas um único padrão organizacional. Não é incomum acontecer de um parágrafo ou um texto ser organizado atipicamente com diferentes recursos retóricos ao mesmo tempo. O que fazemos nesse caso? Depende do nosso propósito de leitura. Podemos tentar identificar os diversos padrões, podemos usar todos os outros recursos que estudamos até agora e, é claro, devemos usar mais dois recursos que sempre usamos para solucionar problemas difíceis em qualquer área da vida: a lógica e o bom senso, pois não podemos padronizar a criatividade e a liberdade de expressão e de escolha dos autores. Sendo assim, como não é nosso objetivo abranger em um único capítulo, ou mesmo em um livro, as inúmeras possibilidades, vamos manter nosso olhar sobre as formas-padrão de organização de texto anteriormente citadas.

As ordens lógicas de que vamos tratar podem estar presentes tanto no interior de um parágrafo quanto no texto todo. Porém, para facilitar e direcionar melhor o nosso trabalho, trataremos de algumas ordens relacionadas a parágrafos, e de outras a textos.

6.1 Organização das ideias no parágrafo

Podemos definir um parágrafo como sendo um grupo de sentenças relacionadas entre si para desenvolver alguma ideia. Em quase todos os parágrafos existe uma ideia mais importante que as outras. É a "ideia principal", que em inglês chamamos de *main idea*. Em geral, a ideia principal pode ser encontrada na "sentença tópico", chamada *topic sentence* em inglês, mas ela também pode estar em alguma outra sentença no início do parágrafo, ou pode estar apenas implícita. Vejamos essas ideias com um pouco mais de detalhes.

6.1.1 Sentença tópico e ideia principal

A primeira coisa que precisamos saber é que sentença tópico e ideia principal não são a mesma coisa. A sentença tópico é a mais importante do parágrafo, pois indica o que nele será discutido. Ela contém a ideia introdutória do parágrafo. Geralmente, está no início, mas também pode ser encontrada no final do parágrafo. Existe ainda a possibilidade de a sentença tópico vir no início e ser retomada ou complementada no final do parágrafo, em especial quando o parágrafo é muito grande, mas, de qualquer maneira, o funcionamento dessa sentença é o mesmo em qualquer posição que ela se encontre. Vejamos um exemplo:

> The paragraph may be defined as a group of sentences that are closely related in thought and which serve one common purpose. Not only do they preserve the sequence of the different parts into which a composition is divided, but they give a certain spice to the matter like raisins in a plum pudding. A solid page of printed matter is distasteful to the reader; it taxes the eye and tends towards the weariness of monotony, but when it is broken up into sections it loses much of its heaviness and the consequent lightness gives it charm, as it were, to capture the reader.

Fonte: Devlin, 2006.

Nesse parágrafo, a sentença tópico é a primeira. Nela está resumido o assunto abordado no parágrafo e as outras sentenças confirmam ou explicam a ideia nela contida.

A ideia principal é aquela que está de alguma forma presente, explícita ou implicitamente, em todo o parágrafo (ou texto). Ainda no exemplo dado, podemos perceber que a sentença tópico contém a ideia principal de todo o parágrafo, que, nesse caso, é a ideia do que seja um "parágrafo" (*paragraph may be defined as*). E então nosso leitor pode perguntar: como vamos saber que essa é a ideia principal? Bem, a característica que identifica uma ideia principal é que ela pode ser percebida do começo ao fim do parágrafo. Podemos dizer que as outras ideias "giram" em torno dela; apresentam alguma informação relacionada a ela de alguma maneira.

Para encontrar a ideia principal de um parágrafo (ou de um texto), devemos nos perguntar qual é a ideia mais recorrente ali; aquela que conecta as partes com o todo; a que é sustentada pelas outras ideias, que a explicam ou descrevem. Quando conseguimos encontrar essas informações, encontramos a ideia principal; dizendo de outra forma, encontramos o assunto tratado no texto. Vejamos o parágrafo a seguir:

> Recent satellite data shows that deforestation in the Amazon is on the rise, and is moving into new areas. The statistics show that 1,250 square miles an area about the size of Rhode Island were cleared over the last five months of 2007. One government group says the true figure may be closer to 2,700 square miles. "It is very worrying," says Joao Paulo Capobianco of Brazil's Environment Ministry.

Fonte: Why..., 2010.

Pensando em alguns questionamentos, podemos analisar esse parágrafo da seguinte forma:

1. Qual a ideia mais recorrente no parágrafo?

R: Desmatamento da Amazônia.

2. Que ideia é sustentada pelas outras?

R: Desmatamento da Amazônia.

3. O que fazem as outras sentenças?

R: Descrevem a situação de desmatamento da Amazônia.

Podemos concluir, então, que a ideia principal desse parágrafo é o desmatamento que está ocorrendo na Amazônia.

Um exemplo de parágrafo (texto) cuja ideia principal geralmente está implícita são as fábulas. Nelas as ideias se conectam em torno de uma que pode ser explicitada através da moral da história, ou mantida apenas implícita. Vejamos o exemplo a seguir.

> **The lion and the mouse**
>
> A Lion asleep in his lair was waked up by a Mouse running over his face. Losing his temper he seized it with his paw and was about to kill it. The Mouse, terrified, piteously entreated him to spare its life. "Please let me go," it cried, "and one day I will repay you for your kindness." The idea of so insignificant a creature ever being able to do anything for him amused the Lion so much that he laughed aloud, and good-humouredly let it go. But the Mouse's chance came, after all. One day the Lion got entangled in a net which had been spread for game by some hunters, and the Mouse heard and recognized his roars of anger and ran to the spot. Without more ado it set to work to gnaw the ropes with its teeth, and succeeded before long in setting the Lion free. "There!" said the Mouse, "you laughed at me when I promised I would repay you: but now you see, even a Mouse can help a Lion."

Fonte: Aesop, 2004.

Nessa fábula, bastante conhecida, a ideia principal está implícita, mas também pode ser inferida na última sentença: não se deve julgar pelas aparências, todos têm suas habilidades especiais, o seu valor, e os mais fracos também podem ajudar os mais fortes.

Às vezes, reconhecer qual é a sentença tópico e a ideia principal é o suficiente para atingir nossos objetivos. Porém, frequentemente precisamos também saber dos detalhes. Vamos tratar deles, então, no próximo item.

6.1.2 Compreensão de detalhes – definição/descrição

Se pudesse, leitor, você me diria agora que já sabe o que é definição, descrição e exemplo; que você aprendeu isso quando era criança. E eu diria que sei disso, mas que acredito ser no mínimo interessante voltar a ver esse assunto sob o ponto de vista de uma LE. Muitas vezes, deixamos passar pequenas e preciosas informações por assumir que já fazem parte do nosso conhecimento, ou, como diríamos em inglês, *because we take them for granted*.

No dicionário Houaiss (2001), temos que:

Definição – *ato ou efeito de definir,* **1** *delimitação exata, estabelecimento de limites,* **2** *significação precisa de; indicação do verdadeiro sentido de,* **2.1** *enunciado que parafraseia a acepção de uma palavra ou locução pela indicação de suas características genéricas e específicas, de sua finalidade, pela sua inclusão num determinado campo de conhecimento etc,* **3** *capacidade de descrever (algo, alguém ou a si mesmo) por seus caracteres distintos [...].*

Descrição – *ato ou efeito de descrever, reprodução, traçado, delimitação* **1** *representação fiel; imitação, cópia, retrato* **2** *representação oral ou escrita; exposição* **3** *ESTL LIT desenvolvimento literário por meio do qual se representa o aspecto exterior dos seres e das coisas [...].*

Partindo dessas considerações, podemos dizer que uma **definição** delimita, descreve ou explica um termo não familiar, estabelecendo relações entre ele e algum outro termo familiar. Em geral, um parágrafo de definição é desenvolvido com o uso de sentenças comparativas para mostrar que o termo desconhecido é igual ou similar a outro conhecido; ou, o contrário, para mostrar que, apesar de similares, os termos apresentam diferenças. Por exemplo:

» Definição não formal de *circle*: *A circle is a ring / A circle is a sphere.*
» Definição formal de *circle*: *A circle is a closed curved line whose every point is equally far from the center.*

Em uma definição, podemos ter:
» o termo (conceito) específico a ser definido;
» a classe à qual pertence este termo (conceito);

» as características específicas desse termo (conceito) que o tornam diferente de outros membros da mesma classe. Vejamos isso na prática com a definição do termo *hormones*:

> **Hormones** (from Greek ορμή - "impetus") are *chemicals* released by cells that affect cells in other parts of the body. Only a small amount of hormone is required to alter cell metabolism. It is also a *chemical messenger* that transports a signal from one cell to another. All multicellular organisms produce hormones; plant hormones are also called phytohormones. Hormones in animals are often transported in the blood. Cells respond to a hormone when they express a specific receptor for that hormone. The hormone binds to the receptor protein, resulting in the activation of a signal transduction mechanism that ultimately leads to cell type-specific responses.
>
> | **Negrito** – termo | *Itálico* – classe | Sublinhado – características |

Fonte: Adaptado de Wikipedia, 2010a.

A **descrição** pode ser dividida em três funções, para melhor entendimento:

a. Descrição física: aquela que representa as características físicas do que está sendo descrito, a relação espacial entre as suas partes e a relação das partes com o todo. As características normalmente mais descritas são a dimensão, o peso, o tamanho, o material, o volume, a cor e a textura etc., dependendo, é claro, da natureza do que está sendo descrito.

b. Descrição de função: aquela que delimita o propósito, o uso de "alguma coisa" e a maneira como cada parte dessa "coisa" funciona.

c. Descrição de processo: aquela que reproduz os passos de um procedimento, a ordem na qual esses passos ocorrem e o objetivo do procedimento.

Vejamos exemplos desses três tipos de descrição.

a. A seguir, vemos a descrição física de um objeto:

> Skateboards consist of three parts: the deck (the actual board), the truck (a component usually made of metal that holds the wheels to the deck), and the wheels. The average skateboard deck is about 32 in (81.3 cm) long, 8 in (20.3 cm) wide, and is a little less than 0.5 in (1.3 cm) thick. The deck has a defined nose and tail with a concave in the middle. Skateboard wheels are usually made of polyurethane and range in width from about 1.3-1.5 in (3.3-3.8 cm). While nearly all skateboards have similar shapes and characteristics, their dimensions vary slightly based on use. There are skateboards built for speed, slalom, and freestyle.

Fonte: Petruso, 2010.

Essa descrição apresenta uma divisão do objeto em três partes, com a dimensão, a forma e o material de que cada parte é feita.

b. Agora, vamos ver a descrição de função de um órgão do corpo:

> The heart is an amazing pump. It maintains the circulation of blood by beating approximately 70 times a minute, more than 36 million times each year. The heart is about the size of a clenched fist and lies in the chest cavity between the two lungs. Its walls consist mainly of cardiac muscle. It is divided into a left side and a right side, each of which has two chambers: an atrium and a ventricle. Deoxygenated blood from the veins enters the right atrium and is passed through the tricuspid valve into the right ventricle. This contracts and pumps blood through the pulmonary artery into the lungs. Oxygenated blood returns through the pulmonary vein into the left atrium and then into the left ventricle. This contracts forcefully to pump oxygenated blood to the rest of the body. The unidirectional flow of blood is maintained by heart valves.

> The heart is a very active organ, and it needs a good supply of oxygen to keep it alive. Some of the oxygenated blood pumped out of the left ventricle goes directly to the heart through the coronary arteries. These branch out to supply the thick heart muscle with oxygen and nutrients. Disease of these arteries causes a heart attack.

Fonte: Answers, 2010b.

Nela encontramos as informações sobre a serventia do órgão e como funcionam as partes em que ele se divide.

c. Finalmente, vamos ver a descrição de processo (ver Questões para Reflexão, exercício 2):

> **Systemic Circulation**
>
> In the systemic circulation, which serves the body except for the lungs, oxygenated blood from the lungs returns to the heart from two pairs of pulmonary veins, a pair from each lung. It enters the left atrium, which contracts when filled, sending blood into the left ventricle (a large percentage of blood also enters the ventricle passively, without atrial contraction). The bicuspid, or mitral, valve controls blood flow into the ventricle. Contraction of the powerful ventricle forces the blood under great pressure into the aortic arch and on into the aorta. The coronary arteries stem from the aortic root and nourish the heart muscle itself. Three major arteries originate from the aortic arch, supplying blood to the head, neck, and arms. The other major arteries originating from the aorta are the renal arteries, which supply the kidneys; the celiac axis and superior and inferior mesenteric arteries, which supply the intestines, spleen, and liver; and the iliac arteries, which branch out to the lower trunk and become the femoral and popliteal arteries of the thighs and legs, respectively. The arterial walls are partially composed of fibromuscular tissue, which help to regulate blood pressure and flow. In addition, a system of shunts allows blood to bypass the capillary beds and helps to regulate body temperature.

> **Pulmonary Circulation**
>
> The pulmonary circulation carries the blood to and from the lungs. In the heart, the blood flows from the right atrium into the right ventricle; the tricuspid valve prevents backflow from ventricles to atria. The right ventricle contracts to force blood into the lungs through the pulmonary arteries. In the lungs oxygen is picked up and carbon dioxide eliminated, and the oxygenated blood returns to the heart via the pulmonary veins, thus completing the circuit. In pulmonary circulation, the arteries carry oxygen-poor blood, and the veins bear oxygen-rich blood.

Fonte: Answers.com, 2010a.

Ainda sobre o mesmo tema, "coração", nessa descrição podemos ver como se processa a passagem do sangue por cada uma das partes e a ordem de sequência da passagem.

6.1.3 Causa e efeito

Causa e efeito constituem uma relação bipolar, pois os dois elementos estão necessariamente juntos. Toda causa resulta em um efeito, da mesma forma que todo efeito deve ter uma causa. Nesses textos, o autor pode, por exemplo, discutir as razões de um acontecimento e depois as consequências deste; ou pode falar das consequências e depois apresentar as causas. A ordem vai depender dos propósitos do autor, mas elas estão presentes, a não ser que uma delas seja desconhecida, mas, nesse caso, o autor deixará isso explícito de alguma forma.

A organização dos textos de causa e efeito é feita, geralmente, de duas formas:

» Em blocos:
  Exemplo:

> Causas → Efeitos   ou   Efeitos → Causas
>
> Men are not being able to find solutions to problems such as air pollution, deforestation and the bad quality of the water, **therefore** the number of respiratory disease and skin allergies is increasing, the weather is changing, the bacteria and viruses are getting stronger. (Causa/razão – **therefore** – Efeito/resultado)
> The number of respiratory disease and skin allergies is increasing, the weather is changing, the bacteria and viruses are getting stronger **since** men are not being able to find solutions to problems such as air pollution, deforestation and the bad quality of the water. (Efeito/resultado – **since** – Causa/razão)

» Em cadeia:

Causa → Efeito → Causa → Efeito → Causa → Efeito

Exemplo:

> There is a need of better public transportation **for** there are too many cars on the streets. (Efeito/resultado – **for** – Causa/razão)
>
> The number of cars on the streets is rising very fast, **as a result** there are a lot of traffic jams during rush hours. **That's why** the public transportation needs an immediate improvement. (Causa/razão – **as a result** – Efeito/resultado = Causa/razão – **That's why** – Efeito/resultado)

O tipo de organização escolhida depende do tópico do texto. Por exemplo, quando as causas e os efeitos estão estreitamente relacionados, o texto, provavelmente, estará organizado em cadeia, pois essa organização é mais fácil tanto para o escritor quanto para o leitor; mas, quando não há relação direta entre as causas e os efeitos, a forma mais apropriada de organização é em blocos, pois, nesse caso, não é possível estabelecer relação em cadeia. Podem ainda ser encontrados textos que utilizem os dois tipos de organização combinadas. Isso é mais comum em textos mais longos. Você terá oportunidade de trabalhar com isso nas atividades práticas.

6.2 Organização das ideias no texto

Como dissemos anteriormente, as organizações lógicas funcionam tanto nos parágrafos como nos textos. Da mesma forma que temos uma sentença tópico no parágrafo, muitas vezes vamos ter o primeiro parágrafo de um texto apresentando o tópico do texto e contendo a ideia geral, que vai ser abordada em todo esse texto. Além disso, assim como temos parágrafos apresentando relações de causa e efeito, podemos ter textos inteiros em que alguns parágrafos apresentarão as causas, e outros os efeitos.

Neste item, veremos a ordem cronológica, a ordem de importância e a divisão lógica de ideias.

Para agilizar o entendimento das relações entre as ideias, vamos usar parágrafos, que, por serem mais curtos, facilitam a visualização. No entanto, nas atividades, trabalharemos esses aspectos aqui abordados em textos mais longos.

6.2.1 Ordem cronológica

A ordem cronológica é uma das mais fáceis de reconhecer e de entender. Isso porque as ideias são apresentadas na ordem de tempo em que ocorrem. Ela pode ser usada em várias áreas, em textos mais simples, como uma receita de bolo, passando pelos biográficos até os mais complexos, como a descrição de um procedimento cirúrgico (ver Questões para Reflexão, exercício 2).

As palavras de transição são especialmente importantes para a ordem cronológica, pois é por meio delas que o escritor deixa clara a sequência de eventos; o que aconteceu antes, o que veio depois, o que aconteceu ao mesmo tempo etc. Por exemplo: *first, next, after that, since then*, entre outras.

É bem comum que a sentença tópico de um parágrafo em ordem cronológica indique essa organização de alguma forma, com expressões como: *o desenvolvimento de, o crescimento de, a evolução de, no começo*, entre outras. Vamos ver dois exemplos:

> **The Story of Mankind**
>
> by Hendrik van Loon
>
> **In the beginning**, the planet upon which we live was (as we now know) a large ball of flaming matter, a tiny cloud of smoke in the endless ocean of space. **Gradually, in the course of millions of years**, the surface burned itself out, and was covered with a thin layer of rocks. Upon these lifeless rocks the rain descended in endless torrents, wearing out the hard granite and carrying the dust to the valleys that lay hidden between the high cliffs of the steaming earth. **Finally** the hour came when the sun broke through the clouds and saw how this little planet was covered with a few small puddles which were to develop into the mighty oceans of the eastern and western hemispheres.
>
> **Then one day** the great wonder happened. What had been dead, gave birth to life.

Fonte: Loon, 2009.

Nesse parágrafo, a indicação da ordem cronológica o introduz. Ao iniciar o texto com a expressão *In the beginning* ("no começo"), o autor deixa claro que ele vai trabalhar com alguma ordem temporal. Essa ordem é dada pelas palavras de transição que nos dão a sequência de acontecimentos, que, nesse caso, é bem geral.

History before Sputnik

People dreamed of spaceflight for millennia before it became reality. Evidence of the dream exists in myth and fiction as far back as Babylonian texts of 4000 bc. The ancient Greek myths of Daedalus and Icarus also reflect the universal desire to fly. As early as the 2nd century ad the Greek satirist Lucian wrote about an imaginary voyage to the moon. In the early 17th century the German astronomer Johannes Kepler wrote Somnium (Sleep), which might be called a scientific satire of a journey to the moon.

A story by the British prelate Francis Godwin (1562–1633) about a voyage to the moon was published in 1638, and a couple of decades later the French writer Cyrano de Bergerac wrote fantasies describing trips to the moon and the sun. The French writer and philosopher Voltaire, in Micromégas (1752), told of the travels of certain inhabitants of Sirius and Saturn. In 1865 the French author Jules Verne depicted space travel in his popular novel From the Earth to the Moon. The dream of flight into space continued unabated into the 20th century, notably in the works of the British writer H. G. Wells, who published The War of the Worlds in 1898 and The First Men in the Moon in 1901. Fantasies of spaceflight continue to be nourished by science fiction.

Fonte: Cartage, 2010.

Nesse segundo parágrafo, o que denota a ordem cronológica é a expressão *for millennia before* ("por milênios antes"). A lógica nos diz que, ao informar que algum fato acontece por milênios antes de outro, podemos esperar que alguns desses fatos sejam mencionados por ordem de ocorrência. É evidente que não será sempre assim; que nem sempre que encontrarmos as expressões mencionadas, no início dos parágrafos, estaremos frente a um parágrafo em ordem cronológica, mas devemos considerar a possibilidade, pois há uma grande chance de realmente ser.

6.2.2 Ordem de importância

A ordem de importância também é muito comum. Ela usa as mesmas palavras de transição e mais algumas, como: *more importantly*, *above all*, *the most important...*, *the most significant...* etc. A diferença entre a ordem cronológica e a ordem de importância é que na primeira temos uma sequência de eventos apresentada conforme a ordem de ocorrência, e na segunda a sequência de eventos é apresentada pela ordem de importância que o escritor dá a cada um. Ele pode começar pelo evento que ele considera menos importante e terminar com o mais importante ou vice-versa. Um exemplo é o excerto a seguir.

Este parágrafo apresenta dois laços de hereditariedade, estabelecidos pelas relações entre organismos, como sendo a relação mais importante na seleção natural; mais importante que as relações ocorridas em função das condições de espaço e de tempo. Dependendo dos propósitos do autor de um texto como esse, o tipo de parágrafo a seguir pode ser antecedido ou seguido de outros para explicar detalhadamente cada uma das relações e por que ele considera uma mais importante que as outras.

> We see in these facts some deep organic bond, prevailing throughout space and time, over the same areas of land and water, and independent of their physical conditions. The naturalist must feel little curiosity, who is not led to inquire what this bond is. [...] This bond, on my theory, is simply inheritance, that cause which alone, as far as we positively know, produces organisms quite like, or, as we see in the case of varieties nearly like each other. The dissimilarity of the inhabitants of different regions may be attributed to modification through natural selection, and in a quite subordinate degree to the direct influence of different physical conditions. The degree of dissimilarity will depend on the migration of the more dominant forms of life from one region into another having been effected with more or less ease, at periods more or less remote;– on the nature and number of the former immigrants;– and on their action and reaction, in their mutual struggles for life; – the relation of organism to organism being, as I

> have already often remarked, **the most important of all relations**. Thus the high importance of barriers comes into play by checking migration; as does time for the slow process of modification through natural selection. Widely-ranging species, abounding in individuals, which have already triumphed over many competitors in their own widely-extended homes will have the best chance of seizing on new places, when they spread into new countries.
>
> In their new homes they will be exposed to new conditions, and will frequently undergo further modification and improvement; and thus they will become still further victorious, and will produce groups of modified descendants. On this principle of inheritance with modification, we can understand how it is that sections of genera, whole genera, and even families are confined to the same areas, as is so commonly and notoriously the case.

Fonte: Darwin, 2003, p. 312.

Essa divisão do texto em ordem de importância é semelhante à divisão lógica de ideias, que veremos no próximo item.

6.2.3 Divisão lógica de ideias

A divisão lógica de ideias, como o nome indica, usa a lógica de apresentar as ideias ao longo do texto na mesma ordem em que elas são mencionadas no parágrafo inicial. Dessa forma, o leitor pode se orientar mais facilmente, pois ele sabe quais ideias pode esperar e onde encontrá-las no texto.

Vejamos como as ideias estão distribuídas no exemplo a seguir:

Subdivisions of analytical chemistry

The methods of quantitative analysis are subdivided, according to their nature, into those of "**gravimetric analysis, volumetric analysis**", and "**colorimetric analysis**". In "**gravimetric**" processes the constituent to be determined is sometimes isolated in elementary form, but more commonly in the form of some compound possessing a well-established and definite composition, which can be readily and completely separated, and weighed either directly or after ignition. From the weight of this substance and its known composition, the amount of the constituent in question is determined.

In "**volumetric**" analysis, instead of the final weighing of a definite body, a well-defined reaction is caused to take place, wherein the reagent is added from an apparatus so designed that the volume of the solution employed to complete the reaction can be accurately measured. The strength of this solution (and hence its value for the reaction in question) is accurately known, and the volume employed serves, therefore, as a measure of the substance acted upon. An example will make clear the distinction between these two types of analysis. The percentage of chlorine in a sample of sodium chloride may be determined by dissolving a weighed amount of the chloride in water and precipitating the chloride ions as silver chloride, which is then separated by filtration, ignited, and weighed (a "gravimetric" process); or the sodium chloride may be dissolved in water, and a solution of silver nitrate containing an accurately known amount of the silver salt in each cubic centimeter may be cautiously added from a measuring device called a burette until precipitation is complete, when the amount of chlorine may be calculated from the number of cubic centimeters of the silver nitrate solution involved in the reaction. This is a "volumetric" process, and is equivalent to weighing without the use of a balance.

> Volumetric methods are generally more rapid, require less apparatus, and are frequently capable of greater accuracy than gravimetric methods.
>
> They are particularly useful when many determinations of the same sort are required.
>
> In "**colorimetric**" analyses the substance to be determined is converted into some compound which imparts to its solutions a distinct color, the intensity of which must vary in direct proportion to the amount of the compound in the solution. Such solutions are compared with respect to depth of color with standard solutions containing known amounts of the colored compound, or of other similar color-producing substance which has been found acceptable as a color standard. Colorimetric methods are, in general, restricted to the determinations of very small quantities, since only in dilute solutions are accurate comparisons of color possible.

Fonte: Talbot, 2004.

Embora não seja uma regra, existem algumas formas de reconhecer quando os textos estão subdivididos em ordem de importância ou em divisão lógica. É bastante comum encontrar no parágrafo inicial o uso de dois-pontos (:) em frente ao nome dos grupos de ideias que serão desenvolvidos; o emprego de conjunções que estabeleçam a correlação entre os grupos (são usadas quando serão abordados apenas dois grupos), tais como *both...and*, *not only...but also, either...or* etc.; e o uso de expressões semelhantes às do texto anterior (*are subdivided... into those of*).

Após ver algumas maneiras como os parágrafos e os textos são divididos e subdivididos, vamos, finalmente, tratar dos detalhes que frequentemente são o suporte concreto das ideias apresentadas e que precisamos identificar para que possamos atingir uma compreensão mais precisa e minuciosa do texto.

6.3 Suporte concreto das ideias – entendendo detalhes

Ainda tratando da organização dos textos, vamos agora trabalhar um pouco com alguns detalhes que são importantes para uma leitura compreensiva. Para tratar desse assunto, que estamos chamando de *suporte concreto das ideias*, vamos trabalhar com três funções retóricas diferentes: textos em que identificamos fatos e opiniões, textos que apresentam comparações ou contrastes e textos de instruções técnicas. Vamos ver como reconhecer e interpretar as informações mais detalhadas como os exemplos que dão suporte às ideias principais desses textos.

Primeiramente, é preciso lembrar que cada sentença em um parágrafo deve contribuir com a ideia principal. A maioria das sentenças, geralmente, dá suporte a ela, mas algumas podem reafirmar ou resumir a ideia expressa na principal. Veja no exemplo a seguir como podemos identificar se uma sentença dá ou não suporte à sentença principal:

> John is one of those people who just doesn't have to worry about gaining too much weight. He is the best dancer I've ever met. John can eat any amount of any food he likes without putting on an ounce. He can go for weeks without exercising with no apparent effect. It doesn't seem fair.

Nesse parágrafo, a sentença principal é a primeira. A terceira e a quarta apresentam fatos observados, que comprovam a ideia principal. A última expressa a opinião do autor do parágrafo em relação ao fato apresentado na ideia principal. A única sentença que está deslocada no parágrafo é a segunda. Embora ela também dê uma informação sobre a mesma pessoa, essa informação não dá suporte, não comprova, não ajuda em nada a ideia principal. A princípio, pode parecer que ela apresenta a razão para o fato declarado, mas uma análise cuidadosa mostra que a quarta sentença elimina essa possibilidade. Essa sentença certamente poderia fazer parte de um texto falando de John, mas em outro parágrafo, não nesse.

Vejamos o que mais devemos saber sobre a organização dos textos, então.

6.3.1 Fato e opinião

Fatos são declarações objetivas de verdades, que podem ser comprovados por experimentos, por cálculos estatísticos, pela observação etc. Exemplo:

» A água ferve a 100°C ao nível do mar.

Opiniões são declarações subjetivas baseadas nas crenças ou atitudes da pessoa. Exemplo:

» Mulheres suportam mais a dor que os homens.

Em muitos textos, os autores expressam suas opiniões, juntamente com fatos que estão apresentando. Para sustentar suas opiniões, eles podem usar muitos argumentos, mas para sustentar os fatos devem usar detalhes factuais, como exemplos, estatísticas, citações de outros trabalhos sobre o assunto etc.

Vamos tentar identificar quais sentenças exprimem fatos e quais exprimem opiniões no parágrafo a seguir.

> **Over the years, people have introduced non-native plants which threaten to replace the native plants that disappeared with the deforestation.** – este é um fato que está sendo constatado – **If the natural habitats disappear, native animals may also disappear.** [esta é uma opinião que o autor está expressando, pois ele não a atribui a ninguém e está fazendo uma suposição sem apoiá-la em bases científicas] **Scientists say that the ecosystems may take two decades to recover, if they recover at all.** [esta é uma opinião de cientistas, que provavelmente está baseada em observações, mas ainda assim é uma opinião, pois não pode ser comprovada; depende de fatores que estão fora do controle desses cientistas].

Vejamos outro exemplo:

> Dozens of species of great apes lived during the Miocene, but only humans, chimpanzees, gorillas and orangutans remain. [...]The remains date from about the time when the Asian great apes, represented today by orangutans, diverged from the African branch of great apes that later produced gorillas, chimpanzees and humans. The authors suggest that their specimen is close to the common ancestor of both branches. David Begun of the University of Toronto, a paleoanthropologist not affiliated with the new find, suspects that *Pierolapithecus* may actually be partway along the African branch. But <u>he emphasizes that because this fossil came from a time so close to the divergence, the differences between the branches would be slight</u>. Says Begun: "Either way, we still get a glimpse, through *Pierolapithecus*, of what the common ancestor of all great apes looked like, even if it's actually a little way along one of those two major pathways."

Fonte: Monroe, 2004.

Nesse trecho de uma notícia, podemos perceber que o autor apresenta um **fato** (em negrito), que pode ser comprovado cientificamente, e uma **opinião** (sublinhada) de um pesquisador que ele cita no artigo.

Podemos perceber que as opiniões são sempre acompanhadas de expressões como *would, shoud, can, might* etc., que são verbos modais utilizados para expressar possibilidade, probabilidade. Além disso, podem ser usadas palavras e expressões tais como: *probably, believe, think, understand, imagine, suppose,* entre tantas outras, indicando que a informação não pode ser comprovada e, portanto, é opinião de uma ou de muitas pessoas.

6.3.2 Comparação e contraste

Um método muito comum e útil de organizar um texto é por meio de comparação e contraste, que é uma forma bastante usada em trabalhos acadêmicos. Quase qualquer coisa pode ser comparada ou contrastada. Desde períodos da história à personagens da ficção, passando por tipos de equipamento e elaboração de alguma comida. A única regra importante a ser seguida é comparar ou contrastar coisas da mesma natureza. É essa regra que não nos permite ficar sem o "quase", pois, se decidíssemos comparar ou contrastar bananas e carros, não haveria aspecto algum em que eles pudessem ser comparados ou contrastados e, portanto, isso não seria válido.

Quando fazemos uma comparação, mostramos como determinados aspectos de um item são ou não similares aos mesmos aspectos de outro item da mesma classe. E quando estabelecemos um contraste entre dois itens, mostramos as diferenças entre eles.

Existem algumas maneiras diferentes de se organizar um texto de comparação e contraste: ponto por ponto, o todo e igual/diferente.

Na abordagem ponto por ponto, o autor escolhe vários aspectos de dois itens e usa esses pontos como base para cada parágrafo. Isto é, cada parágrafo vai comparar um dos aspectos escolhidos.

Na abordagem do todo, o autor divide o texto, basicamente, em duas partes. Na primeira metade, ele trata de todos os aspectos de um dos itens; e na segunda, ele trata de todos os aspectos do outro item. Nesse tipo de abordagem, pode não ser muito fácil para o leitor lembrar o que foi falado sobre determinado aspecto do item anterior, uma vez que os parágrafos não estão baseados nos aspectos individuais, como na abordagem ponto por ponto. O padrão desses textos parece mais duas descrições, uma após a outra, mas as ideias e frases da segunda metade vão se referir constantemente às ideias apresentadas sobre o primeiro item, lembrando o leitor de que os itens estão sendo comparados.

Finalmente, na abordagem igual/diferente, são discutidas todas as similaridades existentes entre os dois itens e depois as diferenças, ou vice-versa, dependendo da ênfase que o escritor quiser dar às similaridades e às diferenças. Em geral, nesse tipo de abordagem, o autor deixa para discutir por último o que ele considera mais relevante.

Vamos ver um exemplo de como funcionam as comparações:

> Scans reveal homosexual men and heterosexual women have symmetrical brains, with the right and left hemispheres almost exactly the same size. **Conversely**, lesbians and straight men have asymmetrical brains, with the right hemisphere significantly larger than the left.
>
> The study, led by the neurobiologist Ivanka Savic, builds on previous research that has identified differences in spatial and verbal abilities related to sex and sexual orientation. Tests have found gay men and straight women fare better at certain language tasks, **while** heterosexual men and lesbians tend to have better spatial awareness.

Fonte: Sample, 2008.

Podemos perceber que as palavras em negrito nos parágrafos estabelecem claramente relações de comparação e contraste entre as sentenças.

6.3.3 Instruções, textos técnicos e uso de elementos gráficos

Textos que apresentam instruções técnicas de alguma natureza são extremamente comuns. Nos produtos que adquirimos, quase sempre encontramos instruções de montagem e/ou de uso. Podemos dizer que **instruções** são ações necessárias para que se possa atingir determinado resultado. Elas expressam relações entre as ações, que incluem método e propósito.

Vejamos como isso funciona. A apresentação original de um texto é:

> **How to repair a scratched CD or DVD**
>
> You have just popped in a favorite CD only to discover it is scratched. Don't fret. There is an easy way to repair the scratched CD/DVD.
>
> *Step 1*
>
> Place CD on a flat surface, scratched side up.
>
> *Step 2*
>
> Apply a small dab of toothpaste (non-gel type) to a cotton ball. Lightly press as applying the toothpaste to the CD. Circling the CD from the center to the outside edge.
>
> Rinse under cool water and remove all toothpaste. Dry with a soft cloth.
>
> *Step 3*
>
> Take precautions to prevent future scratches. Only handle CDs by the outside edges. Store in the original case when not in use.

Fonte: EHow, 2010.

Esse texto se presta a um propósito específico: dar instruções de como consertar um CD ou DVD riscado. Para isso, ele propõe uma situação: *"You have just popped in a favorite CD only to discover it is scratched. Don't fret. There is an easy way to repair the scratched CD/DVD"*.

Em forma de esquema, vamos ter o seguinte:

Figura 1 – Esquema do texto "How to repair a scratched CD or DVD"

In order to repair a CD/DVD
Aqui temos o propósito do texto, ou seja, temos o porquê das ações mostradas na sequência.

⬇

Place CD on a flat surface, scratched side up.
Aqui temos a primeira ação a ser tomada para atingir o propósito apresentado.

⬇

Apply a small dab of toothpaste (non-gel type) to a cotton ball. Lightly press as applying the toothpaste to the CD. Circling the CD fron the center to the outside edge. Rinse under cool water and remove all toothpaste. Dry with a soft cloth.

Esta é a segunda ação, isto é,
o segundo passo do método.

⬇

Take precautions to prevent future scratches. Only handle CDs the outside edges. Store in the original case when not in use.
Este seria o passo seguinte. Ele completa os procedimentos com a apresentação da ação necessária para que o problema não volte a ocorrer, ou seja, apresenta o terceiro passo do método, que neste caso é uma prevenção.

Os textos de instrução têm características facilmente reconhecíveis, que podem se apresentar isoladamente ou em conjunto, como os exemplos a seguir:

- » formato de itens;
- » uso de ilustrações, figuras e/ou fotos;
- » gráficos;
- » esquemas;
- » tabelas;
- » uso dos tempos verbais no imperativo;
- » informações objetivas.

Vamos ver mais um exemplo de texto com instruções para que você identifique algumas das características anteriores.

How to make a man fall in love with you

Have you ever been in one of those situations where you see a man who catches your eye and causes your heart to skip a beat with excitement?

Or maybe there is a man you already know who you've started to have more intense feelings for. What can you do if you find yourself faced with one of these situations? How can you get that special man to notice and pay attention to you? And if everything checks out favorably, how do you get him to fall in love with you? Here are seven critical moves that a woman can make in order to get a man to fall in love with her:

1. **Become mega-attractive.** Do your best to improve your overall appearance. Be healthy and fit.
2. **Find and fix your blind spots.** Get accurate feedback or find a good checklist of things that could reveal your hidden weaknesses.
3. **Master your people skills. Getting people to like you is the natural by-product of consistently practicing effective people skills. These skills include: 1) begin in a friendly manner, 2) avoid arguments, 3) make the other**

person feel important, 4) never tell the other person they are wrong, 5) talk in terms of their interests, 6) give sincere compliments, and 7) don't criticize or complain.
4. **Get good at small talk.** Become a master conversationalist by speaking and listening in the following manner: 1) have something good to say, 2) say it well, 3) speak with the appropriate emotion, 4) know what not to say, 5) focus more on listening, 6) give him your full attention, 7) offer positive non-verbal feedback, and 8) help him get into his flow.
5. **Get him to lower his guard.** Take the pressure off of any situation by being down-to-earth and adding tasteful humor.
6. **Give him a fresh taste of your best.** Make a favorable impression on a level by showing the "hottie," "sweetie," and "real" sides of your personality.
7. **Position yourself for a peak emotional moment.** Timing is important when it comes to impacting a man. When emotions are running high, that's the time to give him a sample of your feminine best.

Fonte: Nakamoto, 2010.

Como pudemos perceber, a estrutura e a utilização de elementos gráficos em textos de instrução, bem como em qualquer outro gênero, facilitam a compreensão. Mas é preciso tomar alguns cuidados, pois a linguagem objetiva pode se tornar uma dificuldade quando não existem elementos coesivos o suficiente. É preciso cuidado também com a leitura de tabelas, mapas e gráficos e com a transferência dessas informações para a resposta de alguma questão, ou para outro texto que você esteja elaborando a partir dessas informações. Da mesma forma, é preciso estar atento para as relações existentes entre o texto escrito e os elementos gráficos apresentados, pois certamente eles apresentam informações que se complementam. Em textos técnicos, especialmente, nenhum autor se dá ao trabalho de colocar gráficos, tabelas e ilustrações apenas para "embelezar" o texto. Ele sempre tem um propósito com isso, que é facilitar a compreensão por meio da interação entre os elementos gráficos e o texto escrito. A utilização e a interação entre esses tipos de informação são desenvolvidas com a prática. Sendo assim, vamos a ela!

Síntese

Vimos neste capítulo que existem diferentes maneiras de se fazer com que um texto seja apresentado de forma coerente. O escritor coloca suas ideias seguindo algum tipo de ordem ou organização lógica, entre as quais podemos citar **a ordem cronológica, a divisão lógica de ideias, a comparação ou contraste e a causa e efeito**. Percebemos que cada organização tem determinadas características, vocabulário e estruturas, que podem ou não ser partilhadas com outras formas de organização.

Finalmente, vimos que a estrutura e os elementos gráficos são utilizados como um complemento do texto, ou como parte integrante dele. Isso facilita o entendimento e possibilita a inclusão de informações que, de outra forma, dificultariam a leitura, tornando o texto muito denso, ou cheio de informações e dados difíceis de serem comparados, por exemplo.

Indicações culturais

Filme:

O TERMINAL. Direção: Steven Spielberg. Produção: Laurie MacDonald, Walter F. Parkes e Steven Spielberg. EUA: Dream Works Distribution LLC/UIP, 2004. 128 min.

SIMPLESMENTE amor. Direção: Richard Curtis Produção: Tim Bevan, Eric Fellner e Duncan Kenworthy. Inglaterra: Universal Pictures/UIP, 2003. 134 min.

Esses filmes, embora não abordem questões de leitura propriamente dita, tratam de diferentes questões que estão relacionadas ao conhecimento de vocabulário em uma Língua Estrangeira.

Atividades de autoavaliação

1. Leia os parágrafos a seguir e sublinhe a sentença tópico de cada um deles. Marque a opção que está de acordo com a posição da sentença em cada parágrafo:

1.
This paper is the outcome of prolonged reflection on the doctrine of greater male variability. It comprises an attempt to assemble and review briefly data at present accessible as to the comparative variability of the sexes in mental traits, and to discuss critically the hypothesis that the great difference between the sexes in intellectual achievement and eminence is due to the inherently greater variability of the males.

Fonte: Hollingworth, 1914.

2.
Individual differences have been an annoy rather than a challenge to the experimenter. His goal is to control behavior, and variation within treatments is proof that he has not succeeded. Individual variation is cast into that outer darkness known as "error variance." For reasons both statistical and philosophical, error variance is to be reduced by any possible device. You turn to animals of a cheap and short-lived species, so that you can use subjects with controlled heredity and controlled experience. You select human subjects from a narrow subculture. You decorticate your subjects by cutting neurons or by giving him an environment so meaningless that his unique

responses disappear (cf. 25). You increase the number of cases to obtain stable averages, or you reduce N to 1, as Skinner does. But whatever your device, your goal in the experimental tradition is to get those embarrassing differential variables out of sight.

Fonte: Cronbach, 1957.

3.
It is interesting to notice that the "only department in which women have accomplished much" is one in which work could be carried on more or less successfully in conjunction with the modal occupation-providing there was wealth enough to hire servants for the actual drudgery. Cattell does not say explicitly what he means by the implied unfavorableness of the environment for women in lines other than art and poetry. He is not entirely certain that the environment has been as favorable for them as for men even in art and poetry, since he qualifies his statement by "perhaps." But it is clearly implied that this author recognizes an environmental condition unfavorable to women.

Fonte: Hollingworth, 1914.

a. 1: início; 2: início e final; 3: final.
b. 1: final; 2: início; 3: início e final.
c. 1: início e final; 2: início; 3: final.
d. 1: início; 2: início; 3: final.

2. Qual das alternativas apresenta melhor a ideia principal do parágrafo a seguir?

> Fat and carbohydrates are the primary fuel sources used by muscle during aerobic exercise. Intramyocellular triglycerides (IMTGs) and plasma free fatty acids (FFAs) are the primary sources of fat while muscle glycogen and blood glucose are the major sources of carbohydrates provided to working muscle. Endogenous protein is not a major fuel source during exercise. While protein oxidation will increase as exercise intensity increases and/or individuals become glycogen depleted, its contribution to total energy production remains minimal. In general, the relative contribution of each substrate to energy production is complicated by many factors such as exercise intensity, duration, subject training status, diet, and gender.

Fonte: Vislocky et al., 2008.

a. A oxidação das proteínas aumenta com o aumento de intensidade e duração do exercício.

b. A contribuição de cada substrato para a produção de energia, geralmente, depende de muitos fatores.

c. IMTGs e FFAs são as fontes principais de gordura, e o glicogênio dos músculos e a glicose do sangue, as de carboidratos, que garantem o funcionamento dos músculos.

d. A primeira fonte de combustível usada pelos músculos nas atividades aeróbicas são a gordura e os carboidratos.

3. Assim como no exercício anterior, diga qual das sentenças apresenta melhor a ideia principal do parágrafo a seguir:

> Previous studies have identified gender differences in the substrate, hormone and catecholamine response to exercise. Specifically, during mild-to-moderate intensity endurance exercise lasting up to two hours, females appear to oxidize proportionately more fat and males more carbohydrate and protein. These differences are not routinely observed at higher exercise intensities and are evident regardless of training status. Additionally, there are a few published studies reporting that during submaximal endurance exercise males experience greater increases in catecholamine and growth hormone (GH) concentrations, while females exhibit greater increases in glucose and insulin. However, it is difficult to make firm conclusions regarding gender specific responses to exercise because data are conflicting and few studies have employed similar designs.

Fonte: Vislocky et al., 2008.

a. Estudos identificaram diferenças de gênero em algumas respostas a exercícios.
b. As diferenças de gênero não são observadas rotineiramente nos exercícios de intensidade alta.
c. É difícil ser conclusivo em relação às respostas dos gêneros devido ao conflito de dados.
d. Com exercícios moderados, as mulheres oxidam mais gordura, e os homens mais carboidratos.

4. Relacione os termos com suas definições e marque a alternativa correta:

A. *red-winged blackbird*
B. *hormone*
C. *volunteer*

1.

A _____ is someone who works for a community or for the benefit of environment primarily because they choose to do so. The word comes from Latin, and can be translated as "will" (as in doing something out of ones own free will). Many serve through a non-profit organization – sometimes referred to as formal volunteering, but a significant number also serve less formally, either individually or as part of a group. A student in Ontario must volunteer if he wants to or not.

Fonte: Wikipedia, 2010b.

2.

A _____ is a chemical substance made by a gland or organ to regulate various body functions. To help control the symptoms of menopause some women can take hormones, called menopausal hormone therapy (MHT). MHT used to be called hormone replacement therapy or HRT. Some women should not use MHT. There are many things to learn about hormones before you make the choice that is right for you.

Fonte: National Institute on Aging, 2009.

3.

The _____ is a common American species and the eight-inch long males have distinctive bright red shoulder patches.

Despite their size, they have been known to attack far larger birds, including ospreys, buzzards and hawks.

Fonte: Leonard, 2008.

a. 1C, 2B, 3A.
b. 1A, 2B, 3C.
c. 1B, 2A, 3C.
d. 1C, 2A, 3B.

5. Leia os parágrafos a seguir do texto *The Story of Mankind* (Loon, 2009):

> 1. The great-great-grandfather of the human race was a very ugly and unattractive mammal. He was quite small, much smaller than the people of today. The heat of the sun and the biting wind of the cold winter had coloured his skin a dark brown. His head and most of his body, his arms and legs too, were covered with long, coarse hair. He had very thin but strong fingers which made his hands look like those of a monkey. His forehead was low and his jaw was like the jaw of a wild animal which uses its teeth both as fork and knife. He wore no clothes. He had seen no fire except the flames of the rumbling volcanoes which filled the earth with their smoke and their lava.
>
> 2. He lived in the damp blackness of vast forests, as the pygmies of Africa do to this very day. When he felt the pangs of hunger he ate raw leaves and the roots of plants or he took the eggs away from an angry bird and fed them to his own young.
>
> Once in a while, after a long and patient chase, he would catch a sparrow or a small wild dog or perhaps a rabbit. These he would eat raw for he had never discovered that food tasted better when it was cooked. During the hours of day, this primitive human being prowled about looking for things to eat.
>
> 3. Even so, the climate was too severe for most people and the old and the young died at a terrible rate. Then a genius bethought himself of the use of fire. Once, while out hunting, he had been caught in a forest-fire.

> He remembered that he had been almost roasted to death by the flames. Thus far fire had been an enemy. Now it became a friend. A dead tree was dragged into the cave and lighted by means of smouldering branches from a burning wood. This turned the cave into a cozy little room.

Marque a alternativa que apresenta a ordem correta dos tipos de definição – física (fs), função (fn) ou processo (pr) – relacionados aos parágrafos:
a. Fn; fn; pr.
b. Fs; fn; pr.
c. Fs; pr; fn.
d. Fn; pr; fs.

6. Coloque as sentenças a seguir segundo uma ordem lógica de ideias e marque a alternativa com a ordem correta:

> 1. Early man did not know what time meant.
> 2. He had no idea of days or weeks or even years. But
> 3. in a general way he kept track of the seasons for
> 4. had noticed that the cold winter was invariably followed by
> 5. the mild spring–that spring grew into the
> 6. hot summer when fruits ripened and the wild ears of corn were
> 7. ready to be eaten and that summer ended when
> 8. sudden gusts of wind swept the leaves from the trees and
> 9. a number of animals were getting ready
> 10. for the long hibernal sleep.

Fonte Adaptado de Loon, 2009.

a. 2, 10, 6, 4, 7, 5, 9, 1, 3, 8.
b. 3, 5, 7, 8, 2, 9, 4, 1, 10, 6.
c. 4, 7, 2, 8, 5, 10, 3, 1, 6, 9.
d. 6, 8, 2, 4, 10, 5, 9, 1, 7, 3.

Atividades de aprendizagem

Questões para Reflexão

1. Entre as informações sobre definição e descrição do item 6.1.2, qual e como alguma(s) delas pode ajudar você a melhorar sua proficiência de leitura?

2. Reflita sobre as questões a seguir:

    a. Em que áreas de trabalho textos em ordem cronológica podem ser usados?
    b. Que gêneros de textos podem utilizar uma organização cronológica?
    c. Você consegue imaginar algumas situações, ou exemplos, além dos já mencionados no livro, para textos em ordem cronológica em cada uma das áreas em que você pensou?

Atividades aplicadas: prática

1. Coloque os subtítulos a seguir antes de cada parágrafo correspondente:

    a. Rivets
    b. Denim and jeans – where do the names come from?
    c. The 18th century
    d. The 19th century – The California Gold Rush

> 1. _____
> The word jeans comes from a kind of material that was made in Europe. The material, called jean, was named after sailors from Genoa in Italy, because they wore clothes made from it. The word 'denim' probably came from the name of a French material, serge de Nimes: serge (a kind of material) from Nimes (a town in France).

2. _____

At first, jean cloth was made from a mixture of things. However, in the eighteenth century as trade, slave labour, and cotton plantations increased, jean cloth was made completely from cotton. Workers wore it because the material was very strong and it did not wear out easily. It was usually dyed with indigo, a dye taken from plants in the Americas and India, which made jean cloth a dark blue colour.

3. _____

In 1848, gold was found in California (not too far from San Francisco) and the famous Gold Rush began. The gold miners wanted clothes that were strong and did not tear easily. In 1853, a man called Leob Strauss left his home in New York and moved to San Francisco, where he started a wholesale business, supplying clothes. Strauss later changed his name from Leob to Levi.

4. _____

A big problem with the miners' clothes were the pockets, which easily tore away from the jeans. A man called Jacob Davis had the idea of using metal rivets (fasteners) to hold the pockets and the jeans together so that they wouldn't tear. Davis wanted to patent his idea, but he didn't have enough money, so in 1872, he wrote to Levi Strauss and offered Strauss a deal if Strauss would pay for the patent. Strauss accepted, and he started making copper-riveted 'waist overalls' (as jeans were called then).

In 1886, Levi sewed a leather label on their jeans. The label showed a picture of a pair of jeans that were being pulled between two horses. This was to advertise how strong Levi jeans were: even two horses could not tear them apart.

Fonte: GlobalIssues for Learners of English, 2010.

Considerações finais

Caro leitor, como dissemos no início deste livro, nossa intenção foi introduzir alguns conhecimentos básicos sobre aspectos fundamentais para a compreensão de leitura em inglês. A leitura e a compreensão de textos são assuntos bastante complexos, que envolvem questões como conhecimento do léxico, da estrutura da língua e do gênero do texto em questão, além do conhecimento prévio do leitor sobre o tema abordado. Essas e inúmeras outras questões se apresentam não apenas em relação ao aprendizado de inglês, mas também à leitura em geral em qualquer LE e na Língua Materna, no nosso caso, o português. Este estudo é relevante tanto para seu aprendizado como leitor, quanto para sua formação docente, esteja você atuando em sala de aula ou não. Por esse motivo, procuramos proporcionar a você bases e guias de estudo para que, a partir daqui, você possa buscar por si mesmo o aprofundamento dos assuntos abordados e daquelas questões que você considerar mais relevantes neste momento do seu aprendizado.

Consideramos fundamental buscar desenvolver a consciência do processo de leitura, mesmo considerando o fato de que você não precisa analisar conscientemente cada passo desse processo o tempo todo. Fizemos isso porque a experiência em sala de aula nos mostra que aprender esses processos e entender os mecanismos que utilizamos para fazer uma leitura coloca à nossa disposição conhecimentos que podem facilitar a compreensão de textos mais difíceis. Dessa forma, procuramos mostrar como esses mecanismos podem ser entendidos e trabalhados e como podemos desenvolver e utilizar as habilidades que cada leitor possui, além dos recursos que a estrutura da própria língua nos oferece. O aprendizado e o uso de todas essas informações, porém, irão depender muito mais dos seus propósitos de leitura e dos objetivos que você traçar para o desenvolvimento do seu aprendizado. São eles que vão determinar o que você deve ler e o quanto deve se aprofundar em cada leitura.

Consideramos fundamental ter proficiência na habilidade de leitura, não apenas para a sua formação de leitor e de professor, mas também como cidadão do mundo, uma vez que o estudo e a obtenção de informação, em qualquer outra área, perpassam cada vez mais pela compreensão de leitura em LE. Entendemos que a leitura é uma das habilidades que servem de base para a aquisição de outros conhecimentos. Sendo assim, esperamos que você tenha, de fato, encontrado nestes capítulos inspiração para continuar e ampliar ainda mais os seus estudos nesta instigante área.

Glossário*

Cognitivo: relativo ao conhecimento, ao processo mental de percepção, memória, juízo e/ou raciocínio.

Coerência: existência de ligação, nexo ou harmonia entre dois fatos ou duas ideias; relação harmônica, conexão.

Coesão: em que há unidade lógica, coerência de um pensamento, de uma obra.

Competência metagenérica: habilidade de interagir convenientemente e utilizar o gênero apropriado em cada ambiente social do qual fazemos parte (baseado em Koch; Elias, 2006).

Gênero: em teoria literária, gênero é cada uma das divisões que englobam obras literárias que apresentam características similares (por exemplo: narrativa).

Hiperônimo: relativo a vocábulo de sentido mais genérico em relação a outro.

Hipônimo: diz-se de vocábulo de sentido mais específico em relação ao de um outro mais geral, em cuja classe está contido.

Lexical: relativo a vocabulário; léxico – relativo à palavra; vocabular.

Nominalização: ato ou efeito de nominalizar; substantivar; transformar verbo em substantivo; empregar uma palavra de outra classe gramatical como substantivo.

Proficiente: aquele que é competente e eficiente no que faz; capaz, preparado, conhecedor; que tem bom aproveitamento.

Semântica: ramo da linguística que se ocupa do estudo da significação como parte dos sistemas das línguas naturais; que trata do significado das palavras.

Sintaxe: parte da gramática que estuda as palavras como elementos de uma frase, as sua relações de concordância, de subordinação e de ordem.

---

* Alguns conceitos foram baseados ou adaptados de Houaiss; Villar; Franco, 2001.

Referências

ACADEMIC DICTIONARIES AND ENCYCLOPEDIAS. Charlotte Brontë. Disponível em: <http://en.academic.ru/dic.nsf/enwiki/3631>. Acesso em: 21 jun. 2010.

AESOP. The lion and the mouse. In: _____. Aesop's Fables. Tradução de: V. S. Vernon Jones. [S.l.]: Project Gutenberg, 2004. Disponível em: <http://www.gutenberg.org/files/11339/11339-h/11339-h.htm>. Acesso em: 21 jun. 2010.

AMY RUTH'S. Dinner Menu. Disponível em: <http://amyruthsharlem.com/dinnermenu>. Acesso em: 21 jun. 2010.

ANDERSON, R. C.; FREEBODY, P. Vocabulary knowledge. In: GUTHRIE, J. (Org.). Comprehension and Teaching: Research Reviews. Newark, DE: International Reading Association, 1981.

ANSWERS. COM Circulatory System. Disponível em: <http://www.answers.com/topic/circulatory-system?cat=health&nr=1>. Acesso em: 21 jun. 2010a.

_____. Heart. Disponível em: <http://www.answers.com/heart?cat=health>. Acesso em: 21 jun. 2010b.

APPLES4THETEACHER. Morning Prayers for Children. Disponível em: <http://www.apples4theteacher.com/childrens-prayers/morning>. Acesso em: 21 jun. 2010.

BECKER, W. C. Teaching reading and language to the disadvantaged: what we have learned from field research. Harvard Educational Review, [S.l.], v. 47, p. 518-543, 1977.

CARRELL, P. L. A view of written text as communicative interaction: implications for reading in a second language. In: CARRELL, P. L.; DEVINE, J.; ESKEY, D. E. (Org.). Research in Reading in English as a Second Language. Washington: Tesol, 1987.

CARROLL, Lewiss. A Game of Fives. 10 ed. [S.l.]: Project Gutenberg, 2002. Disponível em: <http://www.dominiopublico.gov.br/download/texto/gu000651.pdf>. Acesso em: 21 jun. 2010.

CARTAGE. History before Sputnik. Disponível em: <http://www.

cartage.org.lb/en/themes/sciences/ astronomy/Astronautics/Histsputnik/ Histsputnik.html>. Acesso em: 21 jun. 2010.

CAVALCANTI, Marilda do Couto. Interação leitor-texto: aspectos de interpretação pragmática. Campinas: Ed. da Unicamp, 1989.

CRONBACH, Lee J. The two disciplines of scientific psychology. American Psychologist, v. 12, p. 671-684, 1957. Disponível em: <http://psychclassics.yorku.ca/Cronbach/Disciplines/>. Acesso em: 21 jun. 2010.

DARWIN, Charles. On the Origin of the Species. Ontário: Broadview, 2003.

DAVIS, F. B. Two new measures of reading ability. Journal of Educational Psychology, [S.l.], v. 33, p. 365-372, may 1942.

DEVLIN, Joseph. How to Speak and Write Correctly. [S.l.]: Project Gutenberg, 2006. Disponível em: <http://www.dominiopublico.gov.br/download/texto/gu006409.pdf>. Acesso em: 21 jun. 2010.

DOSTOEVSKY, Fyodor. Notes from the Underground. Disponível em: <http://www.online-literature.com/dostoevsky/notes_underground/1/>. Acesso em: 21 jun. 2010.

EARLE, Augustus. A Narrative of a Nine Months' Residence in New Zealand. [S.l.]: Project Gutenberg, 2004. Disponível em: <http://www.gutenberg.org/files/11933/11933-h/11933-h.htm>. Acesso em: 21 jun. 2010.

EHOW. How to repair a scratched CD or DVD. Disponível em: <http://www.ehow.com/how_2288031_repair-scratched-cd-dvd.html>. Acesso em: 21 jun. 2010.

FÁVERO, L.L. Coesão e coerência textuais. São Paulo: Ática, 2002. (Série Princípios).

FOUCAMBERT, Jean. A leitura em questão. Porto Alegre: Artes Médicas, 1994.

GLOBAL ISSUES FOR LEARNERS OF ENGLISH. The History of Jeans. Disponível em: <http://www.newint.org/easier-english/Garment/jhistory.html>. Acesso em: 21 jun. 2010.

GRELLET, F. Developing Reading Skills. Cambridge: CUP, 1981.

HECK, Lenira Almeida. A borboleta azul. Lajeado: Univates, 2006. Disponível em: <http://www.dominiopublico.gov.br/download/texto/eu000004.pdf>. Acesso em: 21 jun. 2010.

HEWET, Henry W. Cinderella. [S.l.]: Project Gutenberg, 2004. Disponível em: <http://ia331437.us.archive.org/2/items/cinderella10830gut/10830-h/10830-h.htm>. Acesso em: 21 jun. 2010.

HOLLINGWORTH, Leta Stetter. Variability as related to sex differences in achievement: a critique. American Journal of Sociology, v. 19, p. 510-530, 1914. Disponível em: <http://psychclassics.yorku.ca/Hollingworth/sexdiffs.htm>. Acesso em: 21 jun. 2010.

HOLMES, Bob. Animals in the wild may hold key to ageing. Disponível em: <http://www.newscientist.com/article/mg19826594.400-animals-in-the-wild-may-hold-key-to-ageing.html>. Acesso em: 21 jun. 2010.

HOUAISS, A.; VILLAR, M. de S.; FRANCO, F. M. de. Dicionário Houaiss da Língua portuguesa. Versão

1.0. Rio de Janeiro: Objetiva, 2001. 1 CD-ROM.

INMAN, Mason. Bad guys really do get the most girls. New Scientist. 21 jun. 2008. Disponível em: <http://www.newscientist.com/article/mg19826614.100-bad-guys-really-do-get-the-most-girls.html>. Acesso em: 21 jun. 2010.

JACKMAN, W. J.; RUSSELL, Thos. H. Flying Machines: Construction and Operation. [S.l.]: Bibliobazaar, 2008. Disponível em: <http://www.gutenberg.org/files/907/907.txt>. Acesso em: 21 jun. 2010.

JOUVE, V. A leitura. Tradução de Brigitte Hervor. São Paulo: Unesp, 2002.

KATO, Mary Aizawa. O aprendizado da leitura. São Paulo: M. Fontes, 2007.

KINTSCH, Walter; KINTSCH, Eileen. Comprehension. In: PARIS, Scott G.; STAHL, Steven A. (Org.). Children's Reading Comprehension and Assessment. London: LEA, 2004.

KOCH, I. V; ELIAS, V. M. Leitura, texto e sentido. In: _____. Ler e compreender os sentidos do texto. 2. ed. São Paulo: Contexto, 2006.

LEHR, F.; OSBORN, J. A Focus on Comprehension. Honolulu: Prel, 2005. (Early Reading Series). Disponível em: <http://www.prel.org/products/re_/re_focuscomp.pdf>. Acesso em: 21 jun. 2010.

LEHR, F.; OSBORN, J.; HIEBERT, E. H. A Focus on Vocabulary. Honolulu: Prel, 2004. (Early Reading Series). Disponível em: <http://www.prel.org/products/re_/ES0419.htm>. Acesso em: 21 jun. 2010.

LEONARD, Tom. Blackbirds dive-bombing Chicago residents. Telegraph, Nova York, 23 jun. 2008. Disponível em: <http://www.telegraph.co.uk/news/newstopics/howaboutthat/2181877/Blackbirds-dive-bombing-Chicago-residents.html>. Acesso em: 21 jun. 2010.

LOON, Hendrik van. The Story of Mankind. [S.l.]: Project Gutenberg, 2009. Disponível em: <http://www.dominiopublico.gov.br/download/texto/gu000754.pdf>. Acesso em: 21 jun. 2010.

MAETERLINCK, Maurice. Mehiläisten elämä. [S.l.]: Project Gutenberg, 2004. Disponível em: <http://www.dominiopublico.gov.br/download/texto/gu013134.pdf>. Acesso em: 21 jun. 2010.

MONROE, Don. Fossil Sheds Light on Great Ape Ancestry. Scientific American, Nova York, 19 nov. 2004. Disponível em: <http://www.scientificamerican.com/article.cfm?id=fossil-sheds-light-on-gre>. Acesso em: 21 jun. 2010.

MOTEL-KLINGEBIEL, Andreas; ARBER, Sara. Population ageing, genders and generations. International Journal of Ageing and Later Life, Surrey, v.1, p. 7-9, 2006.

NAKAMOTO, Steve. Make a Man Fall in Love with You: Dating Tips. Disponível em: <http://www.howtodothings.com/family-and-relationships/a1978-how-to-make-a-man-fall-in-love-with-you.html>. Acesso em: 21 jun. 2010.

NATIONAL INSTITUTE ON AGING. Hormones and Menopause. Disponível em: <http://www.nia.nih.gov/HealthInformation/Publications/hormones.htm>. Acesso em: 21 jun. 2010.

NUTTALL, C. Teaching Reading Skills in a Foreign Language. Oxford: MacMillan Heinemann, 2000.

PETRUSO, Annette. Skateboard. Disponível em: <http://www.answers.com/topic/skateboard?nr=1&dsc=true>. Acesso em: 21 jun. 2010.

SAMPLE, Ian. Gay Men and Heterosexual Women Have Similarly Shaped Brains, Research Shows. The Guadian, Manchester, 16 jun. 2008. Disponível em: <http://www.guardian.co.uk/science/2008/jun/16/neuroscience.psychology>. Acesso em: 21 jun. 2010.

SCHÜTZ, Ricardo. Words of Connection (Conectivos). English Made in Brazil. Disponível em: <http://www.sk.com.br/sk-conn.html>. Acesso em: 21 jun. 2010.

SNOW, Catherine E. Reading for Understanding: Toward a Research and Development Program in Reading Comprehension. Pittsburgh: Rand, 2002.

SWALES, J. M. Genre Analysis: English in Academic and Research Settings. New York: Cambridge University Press, 1990.

SWAN, Michael. Practical English Usage. 2. ed. Oxford: Oxford University Press, 1995.

TALBOT, Henry P. An Introductory Course of Quantitative Chemical Analysis. [S.l.]: Project Gutenberg, 2004. Disponível em: <http://www.dominiopublico.gov.br/download/texto/gu012787.pdf>. Acesso em: 21 jun. 2010.

VERNE, Julio. 20,000 Leagues Under the Sea. 11 ed. [S.l]: Project Gutenberg, 2004. Disponível em: <http://www.dominiopublico.gov.br/download/texto/gu000164.pdf>. Acesso em: 21 jun. 2010.

VISLOCKY, Lisa M. et al. Gender impacts the post-exercise substrate and endocrine response in trained runners. Journal of the International Society of Sports Nutrition, v. 5, n. 7, 2008. Disponível em: <http://www.jissn.com/content/5/1/7>. Acesso em: 21 jun. 2010.

WHY the Amazon Is shrinking. Time for Kids. v. 13, n. 24, apr. 18. 2008. Disponível em: <http://www.timeforkids.com/TFK/kids/wr/article/0,28391,1730235,00.html>. Acesso em: 21 jun. 2010.

WIKIPEDIA. Hormone. Disponível em: <http://en.wikipedia.org/wiki/Hormone>. Acesso em: 21 jun. 2010a.

_____. Volunteering. Disponível em: <http://en.wikipedia.org/wiki/Volunteer>. Acesso em: 21 jun. 2010b.

Bibliografia comentada

GRELLET, F. Developing Reading Skills. Cambridge: CUP, 1981.
O livro de Grellet apresenta uma variedade de exemplos de exercícios que podem ser utilizados no ensino-aprendizado de leitura.

JOUVE, V. A leitura. Tradução de Brigitte Hervor. São Paulo: Unesp, 2002.
Recomendo esse livro, em especial, para quem se interessa pelo fenômeno da leitura com foco em textos literários.

MASCULL, B. Collins Cobuild: Key Words in Business. London: HarperCollins Publishers, 1999.
MASCULL, B. Collins Cobuild: Key Words in Science and Technology. London: HarperCollins Publishers, 1999.
MASCULL, B. Collins Cobuild: Key Words in the Media. London: HarperCollins Publishers, 1999.
Esses três títulos compõem uma série que trabalha com atividades de leitura, utilizando textos de áreas diferentes. São uma ótima opção para quem deseja praticar leitura e compreensão um pouco mais.

NUTTALL, C. Teaching Reading Skills in a Foreign Language. Oxford: MacMillan Heinemann, 2000.
Recomendo esse livro para quem quer começar a entender melhor as questões teóricas que estão relacionadas à leitura. Ele é voltado para o ensino de leitura em inglês como LE.

WIDDOWSON, H.G. O ensino de línguas para a comunicação. Campinas: Pontes, 1991.
Esse livro também é interessante para quem quer trabalhar com ensino de língua. Nele são apresentadas questões relacionadas a outras habilidades além da leitura. Embora seja sobre a Língua Materna, vários conhecimentos teóricos podem se aplicar ou ser adaptados ao ensino de Língua Estrangeira.

FÁVERO, L. L. Coesão e coerência textuais. São Paulo: Ática, 2002. (Série Princípios).

Esse livro, que faz parte da *Série Princípios*, é uma ótima leitura para quem deseja saber um pouco mais sobre coesão e coerência de textos. Embora seja um livro que trabalha com a língua portuguesa, as noções e os conceitos nele contidos podem ser facilmente adaptados para o trabalho com a língua inglesa.

SCHÜTZ & KANOMATA, ESL. Disponível em: <http://www.sk.com.br>

Nesse *site*, você pode encontrar desde teoria sobre o aprendizado do inglês até humor e fórum de discussões, passando por explicações gramaticais e de vocabulário até assuntos sobre leitura e redação de textos em inglês.

Respostas
Atividades de autoavaliação e
Atividades de aprendizagem

Capítulo 1

Atividades de autoavaliação
1. c
2. a
3. d
4. c

Atividades de aprendizagem

Atividades aplicadas: prática
1. Respostas podem variar.
2. Respostas podem variar.

Capítulo 2

Atividades de autoavaliação
1. d
2. c
3. b
4. c
5. b
6. c
7. b

Atividades de aprendizagem

Atividades aplicadas: prática
1. e
2. b
3. d
4. d

Capítulo 3

Atividades de autoavaliação
1. b
2. d
3. b
4. a
5. a

Atividades de aprendizagem

Atividades aplicadas: prática

1.
   a. F
      O envelhecimento da sociedade envolve muito mais do que simplesmente uma mudança de padrão demográfico.
   b. V
   c. F
      Esses assuntos vêm sendo levantados nos debates atuais sobre justiça entre as gerações.
   d. N
   e. V
   f. V
   g. F
      As desigualdades entre gerações e a maneira como elas estão ligadas às relações entre as gerações na família e na sociedade **é amplamente ignorada** nos discursos públicos.
   h. N

2.
   1. Changing Welfare States and the "Sandwich Generation" – Increasing Burden for Next Generation's Men and Women?
   2. Gender and Generational Continuity: Breadwinners, Caregivers and Pension Provision in the UK.
   3. Gender Arrangements and Pension Systems in Britain and Germany: Tracing change over five decades.

3.
   a. Mudando estados-previdência e a "geração sanduíche" – aumento de sobrecarga para a próxima geração de homens e mulheres?
   b. Gênero e continuidade de geração: provedores, pessoas que cuidam de outras e provisão de aposentadoria no Reino Unido.
   c. Acordo de gêneros e sistemas de aposentadoria na Grã-Bretanha e Alemanha: investigando mudanças durante cinco décadas.

4.
   a. Os papéis dos cuidados entre gerações de pessoas de meia-idade, usando para isso a perspectiva de três ou mais gerações.
   b. O papel dos gêneros (sexos) entre companheiros e políticas de previdência social.
   c. Os contrastes entre a situação britânica e a alemã sob um ponto de vista histórico.

5. São mulheres que vivem e cuidam de outras duas gerações, dos pais idosos e dos filhos, que ainda são dependentes.

6. Especialmente as mulheres são chamadas dessa forma por pertencerem ao grupo de meia-idade que são a principal fonte de ajuda e suporte/manutenção nas suas famílias e em redes sociais maiores.

   Os grupos dessa idade comumente enfrentam demandas competitivas no trabalho e obrigações com o cuidado tanto dos membros mais velhos como dos mais jovens da família.

7. A contínua falta de redistribuição

de renda pode aumentar a desigualdade dentro do grupo com o tempo e pode, também, incentivar as mulheres a não ter filhos, o que resultaria em impactos significativos na tendência demográfica.

8.
a. Segundo eles, é inadequado entender o desenvolvimento dos sistemas de pensão/aposentadoria no Reino Unido e na Alemanha como se esses sistemas refletissem fortes modelos dos provedores (de família), uma vez que essa conexão não foi apoiada pela análise que fizeram.
b. Eles questionam o papel dos sistemas de seguro social para idosos com relação ao estabelecimento e manutenção do modelo do macho provedor em estados-previdência no oeste europeu.
c. De acordo com eles, a análise da política social deveria considerar uma visão muito mais complexa da interação entre o papel dos gêneros e dos sistemas de estado-previdência.

9. Os artigos dão evidências de que os modelos tradicionais da conexão entre relações de gerações, papéis dos gêneros e políticas de previdência social podem estar induzindo a erros.

10. É preciso ver como interagem as reformas dos sistemas de seguro social e a estrutura social, considerando padrões culturais e novas formas de desigualdade e diversidade na idade avançada.

Capítulo 4

Atividades de autoavaliação
1. a
2. d
3. a
4. a
5. b

Atividades de aprendizagem

Atividades aplicadas: prática

1.
a. ascertain
b. withdrawn
c. assigned
d. scarcely
e. Undergoing
f. entangle
g. Vessels
h. paddles
i. Hissing
j. Endowed

2.
a. matter
b. circulated
c. *unending*
d. whilst
e. alarmed
f. demanded

3. Respostas pessoais.
4. Respostas pessoais.

Capítulo 5

Atividades de autoavaliação
1. c
2. d
3. b
4. c
5. d

Atividades de aprendizagem

Atividades aplicadas: prática
1.
   a. Mr. Shand e me
   b. Mr. Shand e me
   c. several other passengers
   d. Mr. and Mrs. Hobbs
   e. Mr. and Mrs. Hobbs
   f. a war
   g. Mr. and Mrs. Hobbs
   h. gannet
   i. land
   j. Tasman
   k. from Batavia in 1642
   l. its inhabitants/New Zealanders
   m. New Zealanders
   n. Tasman

Capítulo 6

Atividades de autoavaliação
1. a
2. b
3. a
4. a
5. c
6. d

Atividades de aprendizagem

Atividades aplicadas: prática
1.
   a. 4
   b. 1
   c. 2
   d. 3

Nota sobre a autora

Graziella Araujo de Oliveira Lapkoski é licenciada em Letras Português/Inglês, bacharel em Letras Inglês e mestre em Letras, com ênfase em Estudos Linguísticos, pela Universidade Federal do Paraná (UFPR). Coordenou o Centro de Recursos do Centro de Línguas e Culturalidade da UFPR e atuou como professora de língua inglesa, nessa mesma escola, em todos os níveis de língua, no curso de Leitura para Compreensão de Textos e de Pronúncia. Atuou, ainda, como professora de língua portuguesa e língua inglesa no Centro Universitário Uninter. Seus principais interesses de pesquisa giram em torno dos seguintes temas: avaliação; leitura em Língua Estrangeira; formação de professores e ensino de língua inglesa com ênfase em English For Specific Purpose (ESP) e pronúncia.

Impressão: Forma Certa Gráfica Digital
Abril/2023